铁路货物运输与绿色物流

李建国　编著

中国铁道出版社有限公司

2023年·北京

内容简介

本书主要阐述铁路货物运输基本组织原理和基本组织方法，合理运用技术设备和绿色物流技术，以便达到安全、迅速、环保、经济、便利地运输货物的目的。本书包括铁路货物运输概述、铁路货物运输组织、铁路绿色物流技术、绿色物流的政府规制与铁路货运等内容。

本书可供铁路货运从业人员及物流企业、货主企业有关技术和管理人员学习参考。

图书在版编目(CIP)数据

铁路货物运输与绿色物流/李建国编著.—北京：中国铁道出版社有限公司，2023.7

ISBN 978-7-113-29458-8

Ⅰ.①铁… Ⅱ.①李… Ⅲ.①铁路运输-货物运输-研究-中国②物流管理-无污染技术-研究-中国 Ⅳ.①U294②F259.22

中国版本图书馆 CIP 数据核字(2022)第 125301 号

书　　名：**铁路货物运输与绿色物流**
作　　者：李建国

责任编辑：聂宏伟　　　**编辑部电话**：(010)51873024
编辑助理：李纯一
封面设计：刘　莎
责任校对：安海燕
责任印制：赵星辰

出版发行：中国铁道出版社有限公司(100054，北京市西城区右安门西街 8 号)
网　　址：http://www.tdpress.com
印　　刷：北京铭成印刷有限公司
版　　次：2023 年 7 月第 1 版　2023 年 7 月第 1 次印刷
开　　本：880 mm×1 230 mm 1/32　**印张**：7.875　**字数**：189 千
书　　号：ISBN 978-7-113-29458-8
定　　价：32.00 元

前　言

为充分体现铁路在服务国家运输结构调整，打赢蓝天保卫战中的重要作用和责任担当，进一步巩固铁路在综合交通运输系统中的骨干地位，实现绿色物流成为构建生态城市的主要途径，基于铁路运输业的实际运行状况，制定科学合理的发展规划，开展实现铁路货运绿色发展的相关研究，发展绿色物流十分必要，有利于推动地区经济的可持续发展。中国国家铁路集团有限公司 2020 年科技项目开发计划中安排了《黄河流域铁路货运绿色发展关键技术研究》重点课题，结合课题合同（合同编号：N2020X015）内容任务，编写了本书。

绿色交通运输是为了降低物流活动中的交通拥挤，降低污染，促进社会公平，节省建设维护费用而发展的低污染的、有利于城市环境的、利用多元化交通工具来完成物流活动的协和交通运输系统，以及为最大限度地降低交通污染程度而采取的对交通源、交通量、交通流的规制体系。绿色交通运输的理念是三个方面的完整统一结合，即通达、有序，安全、舒适，低能耗、低污染。绿色运输指的是以节约能源、减少废气排放为特征的运输，绿色运输是绿色物流的一项重要内容。

铁路是国家重要的基础设施，国民经济的大动脉，交通运输体系的骨干，承担新时代"交通强国、铁路先行"的历史使命。我国幅员辽阔、内陆深广、资源分布与工业化布局不对称以及地区经济发展差异较大,决定了铁路承担大区物资交流和区内物资运输的任务十分繁重,在我国经济社会发展中具有不可替代的作用。与其他现代化运输方式相比,铁路货物运输具有适应性强、运输能力较大、安全程度较高、运行速度较高、能耗小、环境污染程度小以及运输成本较低等技术经济特征。近年来,铁路在确保煤炭、石油、粮食、化肥等重点物资运输方面发挥了突出作用。

本书结合铁路货物运输发展的新形势,论述了铁路货物运输组织、铁路绿色物流技术以及环境保护政策等内容。本书可供铁路货运系统职工,物流企业、货运代理企业以及货主企业的有关技术和管理人员学习参考。

在本书编写过程中,兰州交通大学、中国铁道科学研究院集团有限公司有关教授、专家和中国铁路兰州局集团有限公司货运部给予了大力支持,在此表示感谢。本书借鉴了国内外许多同行的学术研究成果,谨向这些文献的编著者,以及在此领域有所贡献的专家、学者致以诚挚的感谢!对由于编者工作疏忽或经多次转载而遗失原作者署名等而没有列出的编著者,在此表示万分歉意。由于时间紧迫,编者水平、编写力量有限,铁路物流技术日新月异,本书难免有不足或错漏之处,恳请广大同行、读者给予批评和指正。

作者

2023 年 2 月

目　录

第一章　铁路货物运输概述

交通运输是国民经济中具有基础性、先导性、战略性的产业，是重要的服务性行业和现代化经济体系的重要组成部分，是构建新发展格局的重要支撑和服务人民美好生活、促进共同富裕的坚实保障。党的十八大以来，交通运输进入了加快现代综合交通运输体系建设的新阶段。2013 年，铁路实现政企分开，交通运输大部门体制改革基本落实到位。交通运输全面深化改革，建设法治政府部门，加快综合交通、智慧交通、绿色交通、平安交通“四个交通”建设，围绕“一带一路”建设、京津冀协同发展、长江经济带建设三大国家战略制定发展规划。加快综合交通运输基础设施成网，推进多种运输方式有效衔接。促进现代物流业发展，提升综合运输服务保障水平。党的十九大明确提出建设交通强国，党中央、国务院先后印发《交通强国建设纲要》《国家综合立体交通网规划纲要》《中华人民共和国国民经济和社会发展第十四个五年规划和2035 年远景目标纲要》，明确交通运输服务实现第二个百年奋斗目标的战略目标、重点任务和政策举措，为加快建设交通强国擘画了蓝图。二十大报告强调加快建设交通强国，加快推动交通运输结构调整优化，加快发展方式绿色转型。我国交通运输综合实力大幅跃升，综合立体交通网加速成型，综合运输服务保障能力显著提升，有效服务国家重大战略实施，交通运输改革开放持续深化。

第一节　铁路货物运输在国民经济和社会发展中的作用

铁路是国家战略性、先导性、关键性重大基础设施，是国民经济大动脉、重大民生工程和综合交通运输体系骨干，在经济社会发展中的地位和作用至关重要，肩负着神圣使命。到2035年，铁路网规模达到20万km左右，其中高速铁路（含部分城际铁路）7万km，普速铁路（含部分市域铁路）13万km，实现20万人口以上城市铁路覆盖，50万人口以上城市高铁通达。我国幅员辽阔、内陆深广、资源分布与工业化布局不对称以及地区经济发展差异较大，决定了铁路承担大区物资交流和区内物资运输的任务十分繁重，在我国经济社会发展中具有不可替代的作用。

1. 铁路货运是经济发展的"晴雨表"。"十三五"时期，我国铁路基础设施建设稳步推进，货运结构不断优化，铁路货运量和货物周转量双双位居世界第一，为形成以国内大循环为主体、国内国际双循环相互促进的新发展格局提供了有力支撑。货运世界第一数据，创造了新历史，传递的是中国铁路运输的能力，反映的是中国经济持续稳定的发展。《2021年铁道统计公报》显示，截至2021年底，全国铁路营业里程达到15万km，其中，高铁营业里程达到4万km，全国铁路路网密度156.7 km/万km^2，复线率59.5%，电气化率73.3%；西部地区铁路营业里程6.1万km；国家铁路营业里程13.1万km，复线率61.9%，电气化率75.4%。2021年，国家铁路货运总发送量完成37.26亿t，比上年增加1.45亿t，增长4.0%；其中，集装箱发送量比上年增长23.5%。国家铁路货运总周转量完成29 950.01亿吨公里，比上年增加2 552.18亿吨公里，增长9.3%。

2. 铁路货运在交通运输体系中发挥骨干作用。经过不断探索和改革，铁路与其他交通方式融合发展取得显著成效，优化完善了一批系统配套、换乘便捷、智慧高效、立体开发、站城融合的客运综合枢纽。铁路与公路、水运、航空等多种运输方式实现有机衔接、优势互补、联程运输。同时，铁路在大宗货物运输、专特运以及多式联运物流体系中的骨干和枢纽作用有效加强，铁路的市场份额逐步提升，降低了社会综合物流成本。“十三五”期间，铁路货运市场化定价机制不断完善，累计为客户节省物流成本 600 亿元。在运价降低的同时，效率和品质逐步提升。高铁快运覆盖全国 80 多座城市；西部陆海新通道已建立跨省市运输协调机制；中欧班列通达国内 29 座城市，欧洲 97 座城市。

3. 铁路货运在节能环保方面优势明显。“绿水青山就是金山银山”，近年来，交通、环保部门推出公路治超、“公转铁”等政策，煤炭、矿石等逐渐回归铁路。铁路部门与地方政府联手，加快运输结构调整，推出公铁联运、铁海联运、高铁快运、中欧班列等产品，既为货运增量提供了货源保障，也为打赢蓝天保卫战贡献了力量。“十三五”期间，铁路货运量占全社会的比重由 2016 年的 7.7％提高到 2020 年的 9.9％。

4. 近年来，铁路货运不断推进运输供给侧结构性改革，通过优化运输组织，提高运输效率，优化服务品质，提高服务质量，更好地让利现有客户，吸引更多客户，推动国内物流市场不断向良性发展，为国民经济发展注入强劲的动力。奋进“十四五”，开启新征程。站在“两个一百年”的历史交汇点，一张世界上最现代化的铁路网和最发达的高铁网铺就在祖国广袤的大地上并不断延展，通达四面八方，创造着美好生活的新时空，推动着中华民族伟大复兴中国梦的逐步实现。

第二节 铁路货物运输生产的特点

1. 铁路货物运输产品的特殊性

铁路货物运输的产品是货物的“位移”，它是一种不具有物质形态的非实物性产品，不改变货物的属性或形态，只是使货物的空间位置发生改变，表现为一种经济效果。这种“位移”产品具有生产、消费的同步性，此种产品不能储存，能力也不能储存，因此，在运输组织中要特别注意运输的均衡性。提高货物运输经济效益的关键，在于提高劳动生产率和设备利用率，即在一定时间内，以相应的人力和设备条件完成最大的货物发送量和周转量。

2. 铁路货物运输劳务的广泛性和延伸性

货物周转量是表征铁路货物运输量的指标，因而提高铁路货物周转量，扩大铁路在全社会货运市场中的份额，是增加铁路运输效益的前提。随着物流概念的引入和运输市场营销的发展，过去单纯的“位移”产品概念被“位移”前后的服务扩大和延伸化了，这就要求铁路运输企业应从“站到站”运输逐步转向“门到门”运输，并逐步开展仓储、配送、装卸、包装等综合物流服务。

3. 铁路与其他运输方式的协调性、统一性

铁路、公路、水路、航空、管道五种现代运输方式共同构成国家的综合运输体系，各种运输方式各有其技术经济特征和市场优势范围。随着我国综合运输体系的不断完善和综合运输管理体制改革的逐步深化，各种运输方式应从相互竞争逐步走向联合，积极开展多式联运，充分发挥各种运输方式的优势，提高整个社会的总体效益。

4. 铁路货物运输过程的复杂性

铁路货物运输过程包括货源组织、运输计划编制、托运、承运、

保管、装卸、编组、挂运、中转、到达、交付等多个环节，需要路内、外诸多部门的协调、配合。如何将货流转化为车流和列车流，实现有序的运输，是铁路运输组织工作的重要内容。

第三节 铁路货物运输的技术经济特征

与其他现代化运输方式相比，铁路货物运输具有以下明显的技术经济特点。

1. 适应性强

依靠现代科学技术，铁路几乎可以在任何需要的地方修建，可以全年全天候不停业地运营，受地理和气候条件的限制很少，具有较高的连续性和可靠性，而且适合于中长途和各类不同品类货物的双向运输。

2. 运输能力较大

铁路是大宗货物通用的运输方式，能够负担大量的货物运输。铁路运输能力取决于列车重量和每昼夜线路通过的列车对数。其运载单元，即每一列车载运货物的能力远比汽车和飞机大得多。

3. 安全程度较高

随着先进技术的运用和发展，铁路运输的安全程度越来越高。

4. 列车运行速度较高

目前，常规铁路货物列车运行速度一般为 60～80 km/h，少数快运货物列车的运行速度可达 140～160 km/h，明显高于水路运输。

5. 能耗小

铁路运输轮轨之间的摩擦阻力小于汽车和道路路面之间的摩擦阻力。铁路机车单位功率所能牵引的重量约比汽车高 10 倍，因而铁路单位运量的能耗也就比公路运输少得多。

6. 环境污染程度小

铁路运输对环境和生态平衡的影响程度较小，是公认的环境友好型运输工具，特别是电气化铁路对生态环境的不利影响更小。

7. 运输成本较低

铁路运输成本与运输距离长短、运量大小密切相关。一般地说，铁路的单位运输成本比公路运输和航空运输要低得多。

8. 灵活性较差

铁路货物运输的主要缺点是由于受运行线路及车站位置的限制，难以实现“门到门”运输，因而灵活性较差。

第四节 铁路货物运输的主要发展趋势

随着我国经济新常态和供给侧结构性改革进入攻坚阶段，推进交通物流融合发展成为新时期交通运输业发展的新战略。铁路作为传统的货物运输方式之一，其在现代物流背景下的发展成效是实现交通物流融合发展的关键。铁路货物运输普遍向集中化、重载化、集装化、散装化、直达化、快速化方向发展。

1. 集中化

当前，货运业务集中化已经成为世界各国铁路发展的共同趋势。所谓铁路货运业务集中化，是指对路网上的货运营业站和部分运输线路的布局进行调整，以利于发展重载运输、集装运输和直达运输，加速实现铁路货运现代化。实行货运业务集中化可以加大货运营业站间距离，充分发挥铁路的中长途运输优势，提高运输效率，扩大运输能力，加速货物送达，保证运输安全，增加经济效益。

铁路货运业务集中化的基本方式如下。

(1)停办或限办中间小站的货运业务。停办站原吸引范围内的运量转移到邻近的货运中心站。为了便利托运人，可在货运作业停办站设立"无轨车站"或货运代理机构，增配短途运力并利用原有货运设备及市场需求开展"门到门"运输服务。限办货运业务是指只允许办理个别种类货运作业及在规定的时间内办理运量集中的季节性货物运输。

(2)封闭运量不足的线路。发达国家多采用此种集中化方式，即封闭运量不足、经营亏损的线路。

(3)封闭运量很小的专用线。即对运量小、效益差的既有专用线予以封闭。

(4)实行枢纽内货运站的集中化与专业化分工。以按货种别为主实行货运站的专业化分工及以此为基础实行货运业务集中化，是大型铁路枢纽货运作业组织优化的有效形式。

2. 重载化

重载运输是世界铁路在大宗散堆装货物运输领域所取得的重大技术成就，货运重载化代表了铁路货物运输领域的先进生产方向，是铁路扩能提效的有效途径，已经成为铁路货物运输现代化的重要标志。

3. 集装化

铁路在成件杂货运输方面，对适箱货物普遍采用集装箱运输，对非适箱货物则采用集装化运输。

集装箱运输是指以集装箱这种大型容器为载体，将货物集合组装成集装单元，以便在现代流通领域内运用大型装卸机械和大型载运车辆进行装卸、搬运作业和完成运输任务，从而更好地实现货物"门到门"运输的一种高效率和高效益的运输方式。

与传统的货物运输相比，集装箱运输具有以下优越性：

(1)更好地保证货物运输安全；

(2)简化货物包装，节省包装费用；

(3)便于开展多式联运，实现“门到门”运输；

(4)提高装卸效率和运输效率；

(5)减少运营成本，降低运输费用；

(6)有利于实现货物运输管理现代化。

4. 散装化

散装运输是指产品不带包装的运输，是用专用货车将产品直接由生产厂家送至用户使用的运输方式。散装化运输的优点表现在以下两个方面：一是可以节省包装材料和费用，减少货物在运输过程中的损失，提高运输质量；二是作业环节少，机械化、自动化程度高，货车装卸速度快，有利于加速货车周转，提高运输效率，降低运输成本。

5. 直达化

直达运输是先进的货运组织方式，它有利于减少改编作业、加速车辆周转和货物送达，其经济和社会效益非常显著。

6. 快速化

在快速货物运输市场中，铁路具有速度比公路快、费用比航空低的优势。为了与公路和航空运输竞争，各国开行的快速货物列车主要种类有：快速普通货物列车、快速鲜活货物列车、快速集装箱列车、特快普通货物列车和高速邮政列车等。快速货物列车的最高速度一般为 120 km/h；特快货物班列最高速度为 160 km/h；货运高速动车组可实现 350 km/h。

第二章　铁路货物运输组织

铁路运输部门通过将货流组织成车流，在货物自发站向到站的发运过程中，为提高运输效率，加快货物运送过程，方便托运人、收货人，根据货物品类、运输法规，在发送、途中、到达流程中采用专业方式，并开展多式联运，优化服务流程，实现“门到门”“门到站”“站到门”的货物运输组织。

第一节　铁路货物运输基本条件

货物运输基本条件是确保运输安全、提高运输质量的重要保证。因此，为了提高运输效率，交通运输企业在经营货物运输业务时，必须制定各种货物运输的基本条件。本节在介绍货物种类以及货物运输包装的基础上，分别阐述关于铁路货物运输种类、运输合同、运输法规、运输费用以及运输保险与保价等方面的具体规定。

一、货物种类与运输包装

(一)货物种类

铁路货物运输中，货主交付托运的货物种类繁多。种类不同的货物要求不同的运输包装、仓储条件、装卸机械、运载工具以及不同的运输条件。因此，对货物种类进行划分是确定货物运输条件的基础。依据不同的划分标准，货物的种类也不同，常用的货物种类划分方法主要有以下 9 种。

1. 根据货物的性质，我国铁路将货物分为 26 类，分别为：煤、石油、焦炭、金属矿石、钢铁及有色金属、非金属矿石、磷矿石、矿物性建筑材料、水泥、木材、粮食、棉花、化肥及农药、化工品、金属制品、工业机械、电子电气机械、农业机具、鲜活货物、农副产品、饮食品及烟草制品、纺织品和皮革、毛皮及其制品、纸及文教用品、医药品、其他货物。除此之外，为了掌握运输生产情况，便于编制运输计划和进行运输统计，另外设有零散和集装箱 2 个品类，共 28 类。

依据货物的性质进行种类划分，是铁路划分货物种类的主要方法，也是铁路办理各项货运作业的基本依据。

2. 根据货物的密度，货物可以分为重质货物和轻浮（泡）货物。我国铁路规定，每立方米质量不足 500 kg 的货物，为轻浮货物。

3. 根据货物运输跨及的地域范围，货物可以分为国内运输的货物和国际运输的货物。国内运输的货物又可以分为在省（自治区、直辖市）内部运输的货物和跨省（自治区、直辖市）运输的货物。国际运输的货物又分为进口的货物、出口的货物以及过境运输的货物。

4. 根据货物的运输条件不同，货物可以分为普通货物和按特殊条件办理的货物。其中，按特殊条件办理的货物是指在运输、装卸、保管中需采取特殊措施的货物，一般包括阔大（笨重）货物、危险货物、鲜活货物等。

5. 根据货物的批量大小，货物可以分为大宗货物、中等批量货物和零星货物。

6. 根据货物的价值高低，货物可以分为贵重货物、一般货物和低值货物。

7. 根据货物的包装形式，货物可以分为成件包装货物、集装件货物和散堆装货物。

8. 根据货物的投保方式，货物可以分为参加运输保险的货物、参加保价运输的货物以及既未保险又未保价的货物。

9. 根据货主的性质，货物可以分为单位货物和个人货物。单位货物又可分为企业单位的货物、事业单位的货物等。

(二)货物运输包装

1. 贵重品类。贵重品、精密产品、易碎品、流质品、小五金、机械零件、仪器、金属制品、重质物品以及散落容易丢失的物品等使用木箱或其他硬质包装。木箱及其他硬质包装包括全木箱、木架箱、木格箱、胶合板箱、纤维板箱、刨花板箱、硬质塑料箱等包装，见表 2-1。

表 2-1　贵重品类货物的运输包装

运输包装类型	运输包装要求
全木箱包装	木材质量不腐朽；箱板厚度 12～15 mm，横带宽 40～60 mm；木箱外部用铁腰或塑料腰在两端捆扎箍紧加固
木架箱(木格箱)包装	每块箱板厚度 12～15 mm，宽度不小于 40 mm，横带宽 40～60 mm，两板间距以内装物品不漏出为准；装整体物件时，两板间距不超过 80 mm；木箱外部用铁腰或塑料腰在两端捆扎箍紧加固
胶合板、纤维板、刨花板材料的木箱包装	箱体要选用质量良好的木材做框架；木箱外部用绳索捆扎成“井”字形加固
硬质塑料箱包装	塑料箱板的坚韧度相当于 10 mm 厚木板的韧度；塑料箱外部用塑料腰或绳索捆扎成“井”字形加固
精密产品、易碎品包装	必须用软质材料衬垫填实；零散小件物品要有内包装；怕振、怕湿的物品要有防振和防潮措施

2. 日用百货类。家用电器、日用百货、录音带、针织品、服装、药品、烟、酒、饮料、塑料制品、各种零散物品等一般使用纸箱包装。纸箱的质量必须坚韧，能承受所装物品的重量。纸箱内底、盖等要有垫板，装箱时按照层次摆满、不留空隙，以增强纸箱的抗压能力。纸箱外部用绳索（铁腰、塑料腰）捆扎成“井”字形加固，绳索交叉处结死扣。日用百货类货物的运输包装见表 2-2。

表 2-2 日用百货类货物的运输包装

货物品类	运输包装要求
日用百货、录音带、针织品、服装、药品、香烟等	纸箱外部必须用麻袋片、棉布片、化纤编织片包裹后缝合，再用绳索（铁腰或塑料腰）捆扎成“井”字形加固，绳索交叉处结死扣，怕潮湿的物品要有防潮湿的内包装
电视机、录像机、组合音响、录音机、电冰箱、空调、洗衣机等家用电器	出厂商品原包装纸箱坚固的，可以使用原包装，但包装外部必须用绳索或塑料腰捆扎成“井”字形加固
小件易碎品	纸箱质量要坚固，内部还必须有软质材料隔垫填实，不晃动；零散小件物品必须有盒、袋等内包装，箱内按层摆满；纸箱内底、盖要有垫板，纸箱上下口盖全部要密贴黏合，再用胶条封严。外部要用绳索（铁腰、塑料腰）捆扎成“井”字形加固，绳索交叉处结死扣

3. 瓜果食品类。瓜果、蔬菜、秧苗、花木、鱼介类、肉类、蛋类、禽类、小家畜、小动物以及零散小件物品等，一般使用筐、笼、篓、桶、箱、袋等包装。筐、笼、篓等必须结构坚固，具有一定强度，筐盖、笼口、篓口要用铁丝拧紧，外部用绳索或塑料腰捆扎成“米”字形加固，绳索交叉处结死扣。瓜果食品类货物的运输包装见表 2-3。

表 2-3　瓜果食品类货物的运输包装

货物品类	运输包装要求
禽类、小家畜、小动物	筐、笼、篓底部要有防止粪便外溢的衬垫
瓜果、蔬菜、秧苗、蛋类	使用筐、篓或坚硬的纸箱包装；不怕挤、压的蔬菜也可以用袋包装，鱼苗、种蛋必须使用坚硬的纸箱包装；外部用绳索或塑料腰捆扎成“米”字形加固
鱼介类、肉类	必须用铁、塑料箱包装，并加锁
零散小件物品	应将散件物品用铁丝或绳索捆扎在一起，装筐塞满挤实；物品在筐内不滚动，防止冲撞使筐破损

4. 种子及印刷品类。种子、颗粒状的物品使用袋或桶包装；布匹、毛线类、纺织类、棉胎类、行李卷类以及不怕挤压的物品，使用包(包括麻包、布包、化纤布包、纸包)或袋(包括麻袋、布袋、化纤纺织袋)包装。种子及印刷品类货物的运输包装见表 2-4。

表 2-4　种子及印刷品类货物的运输包装

货物品类	运输包装要求
颗粒状以及容易散落的物品	使用袋包装时，要有结实的内包装；内包装袋的封口处，先折叠后密封，然后再装入袋包装内密封严实，不准扎口
布匹、毛线类、纺织类	使用包、袋等形式的包装时，必须有防潮湿的内包装；若用麻袋包装时，两条麻袋对口套装缝合。使用上述包、袋包装的物品及行李卷要裹严缝合，内装物不准外露；外部用绳索或塑料腰捆扎成“井”字形，捆绳不少于两道，并在绳索交叉处结死扣
纸包包装的书籍、印刷品类	先用绳子捆扎结实，加防潮湿内包装；再用两层以上牛皮纸包严裹好；外部用绳索或塑料腰捆扎成“井”字形加固，绳索交叉处结死扣

5. 家具类。自行车、家具、道具、测量用具、运动器具、树苗以及适合包裹运输的铁、木件等，用绳索捆绑包装。根据货件不同，可以使用麻袋片、纤维编织片、草绳、布条、塑料条、绳索等包装材料。包装捆绑要结实、牢固，在运输中不至于松散脱落。小型家

具、容易断裂的部位和棱角，自行车怕碰的部位都要包装好，但自行车要能推行以便于装卸。

6. 酱菜类。榨菜、腐乳、酱菜等物品用坛、罐包装。坛、罐口要密封，然后装入筐或木格箱内，再用软质材料隔垫塞实不晃动，外部用绳索或塑料腰捆扎成“十”字形加固。

7. 流质类。乳状、粉状、颗粒状等物品用桶(铁桶、塑料桶、木桶)包装，桶的结构要求坚固、具有一定强度，密封、不渗漏。流质类货物的运输包装见表 2-5。

表 2-5 流质类货物的运输包装

货物品类	运输包装要求
薄铁桶(马口铁桶)、塑料桶装流质、乳状物品	桶口要密封严实、不渗漏，然后装入木架箱内；外部用绳索或塑料腰捆成“十”字形加固
胶合板木桶(纤维板桶)装粉状、颗粒状物品	要有内包装，防止内容物流失；外部用绳索或塑料腰捆成“十”字形加固

8. 集装箱适箱货物。选用相应的集装箱运输。

二、铁路货物运输的分类

(一)铁路货物运输种类的划分

划分货物运输种类的方法很多，常用的划分标准包括运输组织方法、运输距离、运输条件、运输速度、运输跨及地域范围等。

1. 根据货物的运输组织方法分类，货物运输可以分为整车运输、零散运输和集装箱运输。

2. 根据货物的运输距离分类，货物运输可以分为长途货物运输、中途货物运输和短途货物运输。

3. 根据货物的运输条件分类，货物运输可以分为普通货物运输和按特殊条件办理的货物运输。其中，按特殊条件办理的货物运输又可以分为阔大(笨重)货物运输、危险货物运输和鲜活货物运输等。

4. 根据货物对运输速度要求的高低分类,货物运输可以分为快速货物运输和普通货物运输。

5. 根据货物运输跨及的地域范围分类,货物运输可以分为国内货物运输和国际货物运输。国内货物运输又可以分为在省(自治区、直辖市)内部的货物运输和跨省(自治区、直辖市)的货物运输。国际货物运输又可以分为进口货物运输、出口货物运输以及过境货物运输。

(二)铁路按“一批”货物办理的条件

铁路负责运输的货物,都是按“批”办理相应的受理、承运、交付以及运输变更等作业。因此,按“批”办理是铁路货物运输的基本条件。

铁路货物运输中的“一批”,是指使用一张货物运单和一份货票,按照同一运输条件运送的货物,它是承运货物、计算运费和交付货物的一个基本单位。按“一批”托运的货物,托运人、收货人、发站、到站和装卸地点必须相同(整车分卸货物除外)。

整车货物以每车为一批;跨装、爬装及使用游车的货物,每一车组为一批。大宗货物循环列车可以每一列车为一批。

零散货物或使用集装箱运输的货物,以每张货物运单为一批。使用集装箱运输的货物每批必须为同一箱型,至少一箱,最多不得超过铁路一辆货车所能装运的箱数。

准、米轨铁路直通运输的整车货物,一批的重量或体积有以下要求:

(1)重质货物重量为 30 t、50 t、60 t(不适用货车增载规定);

(2)轻浮货物体积为 60 m^3、95 m^3、115 m^3。

这是因为我国米轨铁路货车仅有两种规格，其中标记载重为 25 t 的货车容积为 49.3 m^3，标记载重为 30 t 的货车容积为 63 m^3。上述规定有利于在换装过程中相互匹配，不会浪费车辆的载重量。

为保证货物运输安全，规定下列运输条件不同或根据货物性质不能在一起混装的货物不得按一批托运：

(1)易腐货物与非易腐货物；

(2)危险货物与非危险货物（另有规定者除外，例如，能直接配装的危险货物与非危险货物在专用线装卸车时，可作为一批托运）；

(3)根据货物的性质不能混装运输的货物（如液体货物与怕湿货物，食品与有异味的货物，配装条件不同的危险货物等）；

(4)按保价运输的货物与不按保价运输的货物；

(5)投保运输险的货物与未投保运输险的货物；

(6)运输条件不同的货物（如罐装货物与散堆货物，需要卫生检疫证的货物与不需要卫生检疫证的货物，海关监管货物与非海关监管货物，不同热状态的易腐货物等）。

以上规定的货物，在特殊情况下，经铁路局集团公司承认也可按一批托运。

(三)铁路货物运输种类及其办理条件

1. 整车、零散和集装箱运输

铁路货物运输按其组织方法可分为整车、零散和集装箱三个运输种类。

(1)整车货物运输

一批货物的重量、体积、形状或性质需要以一辆及以上货车运输的,应按整车运输。但有些货物,由于性质特殊,或需特殊照料,或受铁路现有设备条件的限制,尽管不够整车运输条件,也必须按整车托运(特准者除外),这些货物包括:

①需要冷藏、保温或加温运输的货物;

②规定限按整车办理的危险货物(例如限按整车托运的爆炸品、1 t以上的放射性包装货件、气体放射性货物等);

③易于污染其他货物的污秽品(例如未经过消毒处理或未使用密封不漏包装的牲骨、湿毛皮、粪便、炭黑等);

④蜜蜂;

⑤不易计算件数的货物;

⑥未装容器的活动物(铁路局集团公司规定在管内可按零散货物运输的除外);

⑦一件货物重量超过2 t,体积超过3 m^3 或长度超过9 m的货物(经发站确认不致影响中转站和到站装卸作业的除外)。

限按整车办理的货物(蜜蜂,使用冷藏车装运需要制冷、保温的货物和不易计算件数的货物除外),其数量不够一车,按托运人要求将同一径路上的两个或三个到站在站内卸车的货物,装在同一货车内,作为一批整车货物运输,而在途中不同到站卸车的运输方式,称为整车分卸。整车分卸可充分利用货车的载重能力,方便托运人,并节省货主的运输费用。

按整车运输的货物,如果托运人要求在车站站界以外的区间或在不办理货运营业的车站进行装卸作业,并经所在铁路局集团公司批准可按途中装卸办理。它是为了满足某些特殊物资运输的需要,如铁路线路施工用料和物资、沿线工程用料及抢险救灾物资运输的需要。但危险货物不得办理该项运输。在计算运输费用时,应将装车地点的后方营业站或卸车地点的前方营业站作为该批货物的发站或到站结算。

(2)零散货物运输

对于一批重量不足40 t且体积不足80 m^3的货物,可按零散货物快运办理;对于非批量零散货物快运品类的货物,不足整车时,可按零散货物快运办理,但以下情况除外:

①散堆装货物;

②危险货物、超限超重和超长货物;

③活动物及需冷藏、保温运输的易腐货物;

④易于污染其他货物的污秽货物;

⑤军事运输、国际联运、需在米轨与准轨换装运输的货物;

⑥在专用线(专用铁路)装卸车的货物;

⑦国家法律法规明令禁止运输的货物;

⑧其他不宜作为零散货物运输的货物。

零散货物按货物实际重量(体积)进行受理和承运。

(3)集装箱运输

集装箱运输具有标准化程度高、装卸作业快、货物安全性好、交接方便等技术优势,是铁水联运、国际联运、内陆铁公联运等多式联运的主要方式,也是铁路货运的重点业务发展方向,可为客户提供“门到门”运输和全程物流服务。符合集装箱运输条件的适箱货物,可装入集装箱,按集装箱托运。贵重、怕湿、易碎货物都适于采用集装箱运输。

易腐蚀、损坏箱体的货物不得使用集装箱运输。性质互抵的货物不得混装于同一箱内。

2. 直通运输与联合运输

(1)直通运输

按整车托运的货物,为了方便托运人或收货人,免去在途中换装作业站或者不同产权归属的交接站办理运输手续,而使用一份运输票据完成货物的全程运输,这种货物运输方式称为直通运输。

我国目前已开办整车的准、米轨的直通运输，也开办了某些地方铁路与国有铁路的直通运输。但鲜活货物及需要冷藏、保温或加温运输的货物，需要使用罐车运输的货物，每件重量超过 5 t（特别商定者除外）、长度超过 16 m 或者体积超过米轨货物装载限界的货物，均不得办理准、米轨直通运输。

国有铁路与地方铁路由于管理体制不同，收费标准不同，实行一票直通运输时，必须按《国家铁路和地方铁路间货物运输规则》办理，实行分段计费、一次核收的办法。

（2）联合运输

铁路与其他运输工具或我国铁路与国外铁路共同参加，并以一份运输票据完成货物全程运输服务的运输组织方法称为铁路参加的货物联合运输。

我国铁路开办的联合运输形式主要有以下三种。

①铁路与水路货物联运

铁路与水路货物联合运输简称铁水联运。铁水联运综合了铁路与水路的优势，可以以较短的径路、较快的速度和较低的运输价格将货物运抵目的地。我国铁路与内河港口、沿海港口都开展了这项联运服务。

②铁路与公路货物联运

由铁路和公路以一份运输票据完成货物的全程运输，称为铁路与公路货物联运。

随着社会的不断发展和法制的日臻完善，各种运输工具应该从竞争逐渐走向联合。因为联运有利于发挥各种运输方式的优势，从而能以最高的效率和最好的服务完成货物的全程运输服务。

③国际铁路货物联运

国际铁路货物联运是指在两个或两个以上国家的铁路全程运

送中，使用一份统一的国际联运票据，并以连带责任办理的货物运输。

国际铁路货物联运为参加联运的国家开辟了一条经济、文化交流的便捷渠道，方便了托运人和收货人，简化了许多烦琐的手续，加快了货物送达速度和资金周转，还促进了铁路沿线外向型经济和铁路运输业的发展。货物在国境站可以进行不同轨距的换装作业，相同轨距的两国也可以直接过轨运输。

三、货物运输法规

铁路货物运输是一项经济活动，必须按照国家的法定方式来进行。即铁路货物运输除了必须遵照国家法律、法规的有关条款外，还需要遵循相关管理部门的行政管理规章、文件等办理货物运输事宜。

铁路运输法规是为了保证铁路运输生产的顺利进行、保障铁路运输安全、维护铁路运输生产秩序而制定的各种法律、法规、规章的总称。根据铁路运输法规制定和颁发权力机构的不同，铁路运输法规主要包括国家法律、行政法规和铁路规章三类，从而初步形成了我国铁路运输以宪法为基础，以《中华人民共和国铁路法》（以下简称《铁路法》）为核心，以铁路行政法规为骨干，以铁路规章为补充的自上而下、纵横结合的法律法规体系。

（一）国家法律

国家法律是指由国家专门立法机关制定，由全国人民代表大会及其常务委员会通过并由国家主席令颁发的法律，如《中华人民共和国民法典》（以下简称《民法典》）、《铁路法》、《中华人民共和国劳动合同法》、《中华人民共和国反不正当竞争法》、《中华人民共和国民事诉讼法》、《中华人民共和国保险法》等。

宪法是国家的根本大法，具有最高的法律效力，是制定其他法律的基础。《民法典》对货物运输合同当事人的权利和义务，以及货物运输合同订立和履行中的一些注意事项做了一般性规定。

《铁路法》是国家管理铁路的根本法，是调整政府机关、企事业单位、其他社会团体以及公民与铁路运输企业在铁路规划、建设、铁路运输营业、铁路运输管理、养护、利用以及铁路安全与防护等方面建立的各种社会关系的法律规范的总称。《铁路法》是为了保障铁路运输和铁路建设的顺利进行而制定的国家法律，它明确规定了铁路和托运人、收货人在铁路货物运输中的权利、义务和责任，也规定了合同执行过程中发生争议时的处理办法。

(二)行政法规

行政法规是指由国家最高行政机关制定，由国务院通过并由国务院总理令颁发的法律文件，如《铁路安全管理条例》《铁路交通事故应急救援和调查处理条例》《危险化学品安全管理条例》《民用爆炸物品安全管理条例》等。

其中，《铁路安全管理条例》是为了加强铁路安全管理，保障铁路运输安全和畅通，保护人身安全和财产安全而制定。如铁路出现建设管理、专用设备质量、线路、运营等方面的安全问题时，《铁路安全管理条例》是解决问题的直接依据。

(三)铁路规章

铁路规章是由铁路主管部门单独制定以及与国务院所属部委之间协商联合制定、颁布的部门规章，包括各种规程、规则、办法和规定等。如《铁路技术管理规程》《铁路货物运输规程》《铁路旅客运输规程》等。

1.《铁路货物运输规程》及其引申规则及办法。

《铁路货物运输规程》是根据国家制定的有关法律、政策、法令，以《民法典》《铁路法》的基本原则为依据，对铁路货物运输的基本条件、货物运输全过程等制定的详细规定，对各种不同性质、不同运输条件的特殊货物则以其引申的有关规则和办法制定更为具体的规定。

《铁路货物运输规程》的引申规则及办法如下。

(1)《铁路货物运价规则》——根据国家发展和改革委员会的有关规定，确定铁路货物运输费用的运价水平、运杂费计算和核收的方法。

(2)《铁路集装箱运输规则》——使铁路和托运人、收货人明确货物运输使用集装箱办理的基本条件、范围和应共同遵守的原则。

(3)《铁路货物装载加固规则》——为了保证货物、车辆的完整和行车安全，充分利用货车载重量和容积而制定的承运人和托运人共同遵守的规定。

(4)《铁路超限超重货物运输规则》——为了解决超出铁路机车车辆限界的货物和超重货物安全、高效、经济地运输而制定的承运人和托运人共同遵守的规定。

(5)《铁路危险货物运输管理规则》——对于在运输过程中，凡具有爆炸、易燃、毒害、腐蚀、放射性等特性的物品，如何防止造成人身伤亡和财产毁损而制定的承运人和托运人共同遵守的规定。

(6)《铁路鲜活货物运输规则》——为适应鲜活货物对铁路运输的特殊要求，防止该类货物在储存、运输过程中出现腐烂、变质、冻损、生理病害、病残死亡等问题而制定的规定。

(7)《铁路保价运输规则》——为了弥补一旦铁路货物运输发生事故后限额赔偿不足而制定的办法，保价运输相关约定是货物运输合同的组成部分。

(8)《铁路专用线专用铁路管理办法(试行)》——为了加强专

用线的管理，搞好路企协作，提高专用线、专用铁路管理水平和工作质量，确保行车和货物安全，加速车辆周转，提高经济效益，依据《铁路法》《铁路货物运输规程》而制定的办法。

2. 规范铁路内部货运管理与操作的规则、办法。

(1)《铁路货物运输管理规则》——规范铁路内部在货运作业各个环节的基本内容、作业程序和质量要求的内部规定。

(2)《铁路月度货物运输计划编制办法》和《货运日常工作组织办法》——这两个办法具体规定铁路内部如何组织货源，以及如何进行货运工作量和运输收入的统计、考核内部计划管理业绩的办法。

(3)《铁路货物损失处理规则》——规范铁路在货物运输过程中一旦发生货物损失后，如何处理货物损失的原则、程序和正确划分责任的方法。

(4)《铁路保价运输管理办法》——规范铁路内部对货物保价运输的基本规定和要求。

(5)《铁路零散货物快运管理暂行规则》——规范铁路车站组织零散货物发送作业的基本要求和操作方法。

3. 同国内相关部门联合制定的货运规章《铁路军事运输计费付费办法》是铁道部和中国人民解放军总后勤部联合制定的货运规章。

4. 同国外签订的货运协定、协约《国际铁路货物联运协定》《国际铁路联运危险货物运送特定条件》等都是我国铁路和国外有关铁路共同签署制定的货运规章。

从铁路运输法规的数量构成看，大量的是铁路规章。这些规章规则一方面体现了铁路运输管理的技术特性，即具有技术规范性质，另一方面也体现了法规的强制性。

四、铁路货物运输费用

(一)铁路运价的形式

铁路运价的形式主要有以下6种。

(1)统一运价。是铁路运价的主要形式,适用于全国各个地区,实行按距离别、货种别的差别运价。

(2)特定运价。除上述统一运价外,根据运价政策,对按特定运输条件办理,或在特定的地区、线路运输的货物,规定特定运价,对于需要提高服务水平和改善服务质量的列车,如客运空调列车、快运货物列车等实行优质优价。特定运价一般按普通运价减成或加成计算,也可另定,它是统一运价的补充,可以因时因地因货制定。

(3)浮动运价。对于在不同季节忙闲不均的线路,在不同的季节可实行不同的运价。

(4)地方铁路运价。为了提高地方修建铁路的积极性,允许地方铁路采用单独的运价。

(5)新路新价。对于新建的铁路,进行复线或电气化改造的铁路,可实行新路新价,其运价水平一般高于统一运价。

(6)合同运价。也称协议运价,其运价水平由货主和承运人根据运输市场供求关系及各自的利益协商议定,国外运输企业多采取这种运价形式。

(二)铁路货物运费的计算程序及公式

1. 铁路货物运费的计算程序

铁路货物运输费用的计算程序如图2-1所示。

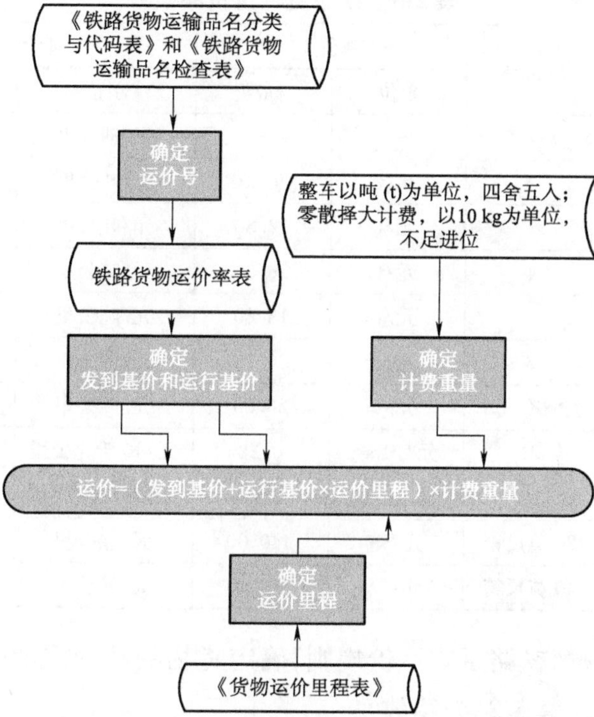

图 2-1　铁路货物运输费用的计算程序

(1)根据货物运单上填写的发、到站，按《货物运价里程表》计算出发站至到站的运价里程。

(2)根据货物运单上填写的货物名称，查《铁路货物运输品名分类与代码表》《铁路货物运输品名检查表》，确定适用的运价号。

(3)整车、零散货物按货物适用的运价号，集装箱货物根据箱型，冷藏车货物根据车种，在“铁路货物运价率表”(表 2-6)中查出适用的运价率(即基价 1 和基价 2)。

表 2-6 铁路货物运价率表

办理类别	运价号	基价 1		基价 2	
		单位	标准	单位	标准
整车	1	—	—	元/轴公里	0.525
	2	元/t	9.50	元/吨公里	0.086
	3	元/t	12.80	元/吨公里	0.091
	4	元/t	16.30	元/吨公里	0.098
	5	元/t	18.60	元/吨公里	0.103
	6	元/t	26.00	元/吨公里	0.138
	机械冷藏车	元/t	20.00	元/吨公里	0.140
零散	21	元/10 kg	0.22	元/10 千克公里	0.001 11
	22	元/10 kg	0.28	元/10 千克公里	0.001 55
集装箱	20 英尺箱	元/箱	440.00	元/箱公里	3.185
	40 英尺箱	元/箱	532.00	元/箱公里	3.357

(4)根据《铁路货物运价规则》确定货物的计费重量(自轮运转货物为轴数、集装箱为箱数)。

(5)货物适用的基价 1 加上基价 2 与货物运价里程相乘之积后,再与货物的计费重量(自轮运转货物为轴数、集装箱为箱数)相乘,计算出运费。

(6)根据《铁路货物运价规则》及有关规定计算货物的杂费以及专项和代收费用等。

2. 铁路货物运费的计算公式

根据现行《铁路货物运价规则》,不同运输种类的货物运费计算公式如下。

(1)整车货物

一般整车货物按重量计费时,运费计算公式为

运费=[基价1(元/t)+基价2(元/吨公里)×运价里程(km)]×计费重量(t)　(2-1)

自轮运转货物按轴数计费时,运费计算公式为

运费=[基价2(元/轴公里)×运价里程(km)]×轴数　(2-2)

(2)零散货物

零散货物的运费计算公式为

运费=[基价1(元/10 kg)+基价2(元/10千克公里)×运价里程(km)]×计费重量(kg)/10　(2-3)

(3)集装箱

集装箱的运费计算公式为

运费=[基价1(元/箱)+基价2(元/箱公里)×运价里程(km)]×箱数　(2-4)

3. 铁路货物的其他运输费用

铁路货物运输费用中除了货物运费外,还包括杂费以及一些专项和代收费用。杂费包括货运营运杂费,延期使用运输设备、违约及委托服务费用以及租、占用运输设备费用等。专项和代收费用包括电气化附加费、铁路建设基金、印花税等。

(1)货运杂费

铁路货运杂费是指铁路运输的货物自承运至交付时的全过程中,铁路运输企业向托运人、收货人提供辅助作业和劳务,以及托运人或收货人额外占用铁路设备、使用用具和备品所发生的费用。

1)核收依据

铁路货运杂费的收费项目及收费标准均按《铁路货物运价规则》的规定。

①铁路货物运输营运杂费，按实际发生的项目和“铁路货运营运杂费费率表”(《铁路货物运价规则》表3)的规定核收。其中包括:表格材料费、冷却费、长大货物车使用费、长大货物车空车回送费、取送车费、机车作业费、押运人乘车费、货车篷布使用费、集装箱使用费、货物装卸作业费、货物保价费等11项杂费。

②延期使用运输设备、违约及委托服务费用，按实际发生的项目和“延期使用运输设备、违约及委托服务杂费费率表”(《铁路货物运价规则》表4)的规定核收。其中包括:过秤费、货物暂存费、专用线及专用铁路货车使用费、长大货物车延期使用费、货车篷布延期使用费、集装箱延期使用费、冷藏车(取消托运时)空车回送费、机械冷藏车制冷费、货物运输变更手续费、清扫除污费等10项杂费。

③租用或占用铁路运输设备的，按实际发生的项目和“租、占用运输设备杂费费率表”(《铁路货物运价规则》表5)的规定核收。其中包括:合资、地方铁路及在建线货车使用费，合资、地方铁路货车篷布占用费，自备车或租用铁路货车停放费，车辆租用费，铁路码头使用费，路产专用线租用费等6项杂费。

现行货运杂费中除保留原有杂费项目外，又增列了发送综合服务费、到达综合服务费等延伸服务收费项目。

2)杂费计算及尾数的处理

杂费的计算公式为

$$\text{杂费}=\text{杂费费率}\times\text{杂费计费单位} \tag{2-5}$$

各项杂费不满一个计算单位的，均按一个计算单位计算(另定者除外)。

货运杂费按实际发生核收，未发生的项目不准核收。

杂费的尾数不足一角时按四舍五入处理。

(2)电气化附加费和铁路建设基金

1)计算公式

①电气化附加费的计算公式

电气化附加费＝费率×计费重量(箱数或轴数)×电气化里程　(2-6)

式中　费率——见“电气化附加费费率表”(《铁路货物运价规则》附录一中附表1)；

计费重量——整车、零散货物按该批货物运费的计费重量计算，集装箱货物按箱计费，货物运单内分项填记重量的货物按运费计费重量合并计算；

电气化里程——按该批货物经由国铁正式营业线和实行统一运价的运营临管线电气化区段(《铁路货物运价规则》附录一中附表2)的运价里程合并计算。

②铁路建设基金的计算公式

铁路建设基金＝费率×计费重量(箱数或轴数)×运价里程　(2-7)

式中　费率——见“铁路建设基金费率表”(《铁路货物运价规则》附录三)；

计费重量——整车、零散货物按该批货物运费的计费重量计算，集装箱货物按箱计费，货物运单内分项填记重量的货物按运费计费重量合并计算；

运价里程——按国铁正式营业线和实行统一运价运营临管线的运价里程计算。

2)其他说明

①费用由发站一次核收，尾数不足 1 角按四舍五入处理。②水陆联运、国际联运、军事运输均需核收。③免收运费的货物、站界内搬运的货物免收。④承运后发生运输变更时，按《铁路货物运价规则》处理运费的方法处理。⑤承运后发现托运人匿报、错报货物品名或货物重量不符，致使费用少收时，到站应按正当费用补收。

(3)印花税

印花税属铁路代收费用，印花税按运费的万分之五核收。印花税以元为单位，精确至分，分以下四舍五入。印花税起码价为 1 角。运费不足 200 元的货物，免收印花税。

第二节　铁路货物运输基本作业

铁路货物运输的基本作业包括发送作业、途中作业和到达作业。其中发送作业主要包括托运、受理、进货、验收、制票、承运、装车等环节；途中作业主要包括货物的交接、检查、换装整理、运输变更、整车分卸及运输障碍处理等；到达作业主要包括重车和货运票据的交接，货物的卸车、保管、交付以及运杂费的最后结算等。铁路货运作业流程如图 2-2 所示。

一、货物的发送作业

货物在发站所进行的各项货运作业，统称为货物的发送作业。货物的发送作业主要包括托运、受理、进货、验收、保管、制票、承运、装车、送票等环节。一般，整车货物的发送作业程序如图 2-3 所示，各作业环节的作业内容见表 2-7，集装箱和零散货物的发送作业程序分别见表 2-8 和表 2-9。

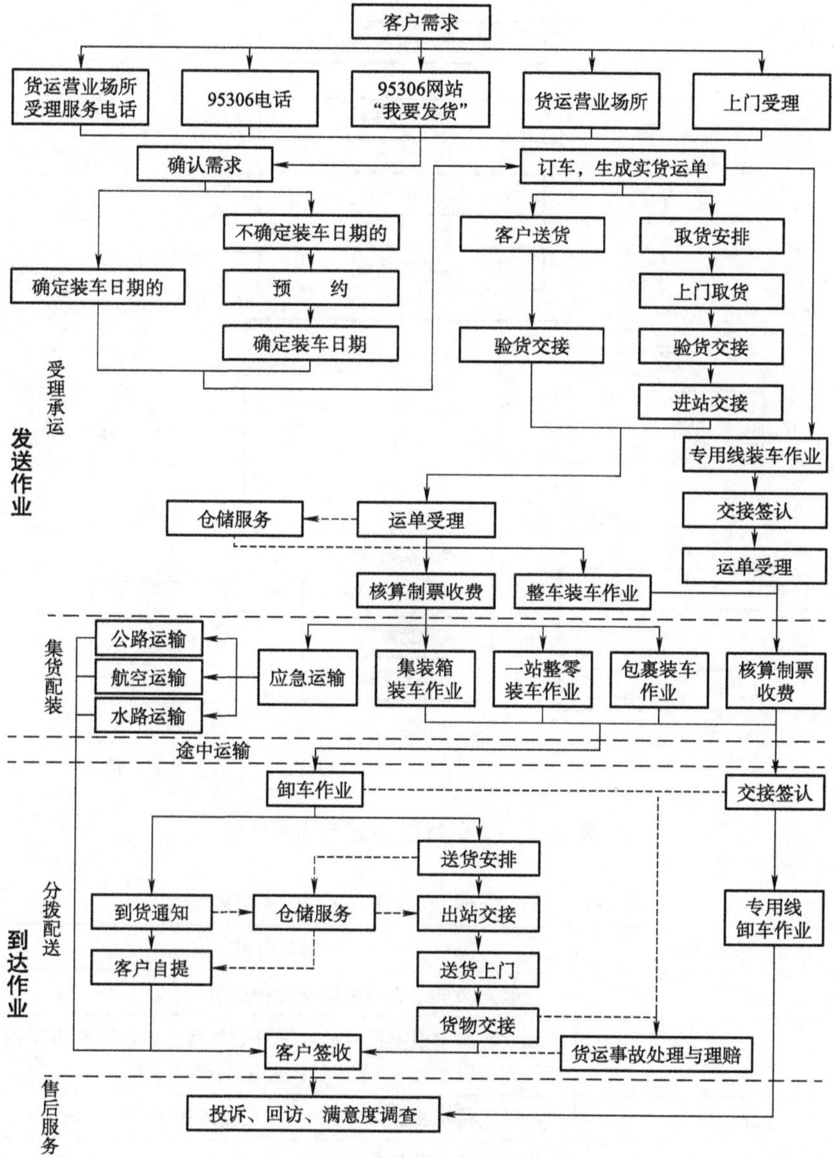

图 2-2　铁路货运作业流程

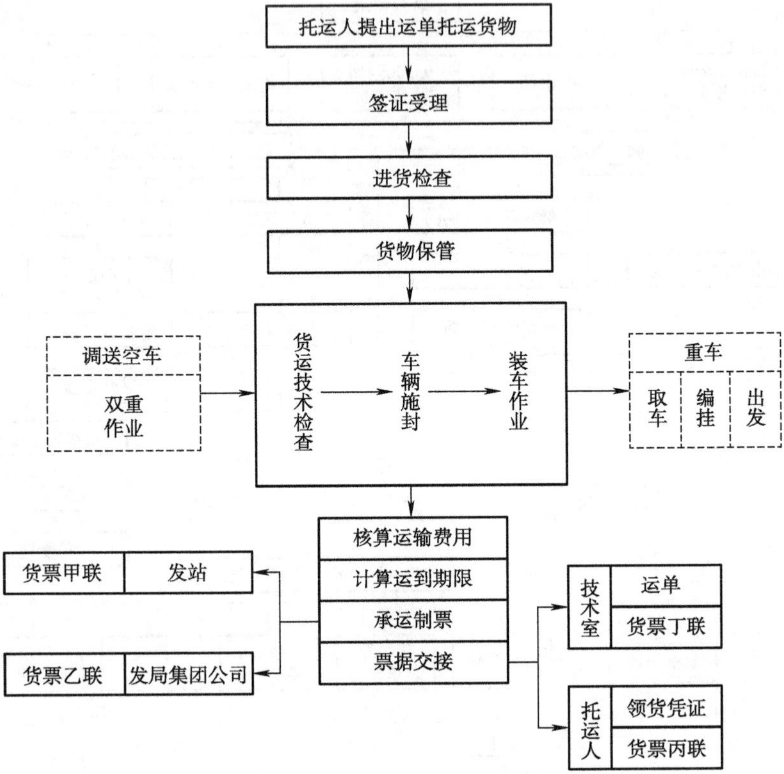

图 2-3　整车货物发送作业程序

表 2-7　整车货物的发送作业程序和内容

作业步骤	作业内容
1. 托运	托运人向车站货运室提交货物运单
2. 受理	车站货运室根据批准的要车计划核对运单填写是否正确，若认为可以承运，即予以签证并指定货物搬入日期和地点
3. 进货和验收	托运人将货物搬入车站，货运员按照运单验收货物
4. 保管	货物在装车前的保管
5. 装车	货物的装车，对需要施封的货车予以施封

续上表

作业步骤	作业内容
6. 制票和承运	核算制票货运员填制货运票据，核收运输费用，在运单上加盖车站日期戳以示承运
7. 送票	车站货运室整理货运票据，并送交车站运转室

表 2-8　集装箱货物的发送作业程序和内容

作业步骤	作业内容
1. 托运	托运人向车站货运室提交货物运单
2. 受理	货运室核对运单填写是否正确，如认为可以承运，即予以签证并指定货物搬入日期和地点
3. 进货和验收	托运人将重集装箱搬入车站，货运员按照运单验收货物
4. 制票和承运	核算制票货运员填制货运票据，核收运输费用，在运单上加盖车站日期戳以示承运
5. 保管	集装箱在装车前的保管
6. 装车	集装箱的装车
7. 送票	车站货运室整理货运票据，并将其送交车站运转室

表 2-9　零散货物的发送作业程序和内容

作业步骤	作业内容
1. 托运	托运人向车站货运室提交货物运单
2. 受理	货运室核对运单填写是否正确，如认为可以承运，即予以签证并指定货物搬入日期和地点
3. 进货和验收	托运人将货物搬入车站，货运员按照运单验收货物，对于需要检斤的货物，货运员应予以检斤，并将货物重量填记在运单上
4. 制票和承运	核算制票货运员填制货运票据，核收运输费用，在运单上加盖车站日期戳以示承运
5. 保管	货物在装车前的保管
6. 装车	货物的装车，对需要施封的货车进行施封
7. 送票	车站货运室整理货运票据，并将其送交车站运转室

(一)货物的托运和受理

1. 托运人托运

托运人向承运人提出货物运单和运输要求,称为托运。托运人在托运货物时,应做好以下工作。

(1)对货物进行符合运输需求的包装

货物包装是指使用适当的材料或容器,并采用一定的技术,对在流通过程中的货物容纳、盛装及加以保护的工具,包括销售包装和运输包装两种。货物运输包装是为了保护货物在流通过程中不受损失,便于搬运、装卸、储存和保管,以保证货物运输安全,是保证货物和车辆设备完好无损的重要条件。

为了保证货物的运输安全,充分利用货车的载重量和容积及便于货物的装卸作业,托运人托运货物时应根据货物的性质、重量、运输种类、运输距离、气候状况以及货车装载等条件,使用符合运输要求的包装。

对货物正确妥善地包装是托运人应尽的责任。托运人托运的货物,如有国家包装标准或行业包装标准的,应按国家标准或行业标准进行包装;对于没有统一包装标准的,承运人应会同托运人按照保证货物安全运输的原则,参照相似货物的国家包装标准或行业包装标准,制定货物运输包装暂行标准;对于需要试运的货物运输包装,承运人可与托运人商定条件组织试运;对于不符合运输包装标准的货物,承运人应请托运人改善后,方可承运。若货物的包装或状态有缺陷,但不致影响货物运输安全,可以由托运人在货物运单内具体注明后予以承运。

货物运输包装上应有符合国家标准的包装储运图示标志,如“怕湿”“禁止翻滚”“小心轻放”“禁用手钩”“向上”“怕热”“由此吊起”“重心点”“堆码重量极限”“温度极限”标志等,其目的是引起与货物运输作业有关的人员的充分注意，保证货物在保管、装卸中的安全。

(2)在货件上标明清晰明显的标记

货物标记是指托运人托运集装箱或零散货物时，为建立货物与其运输票据的联系而使用的一种标记，也称为货签。货物标记上应记载发站、到站、托运人、收货人、货物品名、件数和运输号码等内容。货物标记的内容必须与货物运单记载的内容相符。

货物标记是货件与货物运单相联系的纽带，其作用在于：

①便于货物的清点、核对和交接；

②避免或减少错运、票货分离和误交付等货运事故的发生，并且在一旦发生时，可以凭借标记确认货物的正确去向和正当收货人；

③提高搬运、储存和装卸作业效率。

托运人托运零散货物时，应在每件货物两端各粘贴或钉固一个清晰明显的货物标记，包装不宜粘贴或钉固时，可采用拴挂的方法。不适宜用纸制标记的货物，应使用油漆在货件上书写标记或使用由金属、木质、布、塑料板等材料制成的标记。

托运行李、搬家货物除使用布质、木质、金属等坚韧材料的货签或书写标记外，还应在货物包装内部放置标记，以便在外部标记丢失或难以辨认的情况下，也能准确地将货物运送至正确到站，交付给正当收货人，充分保证个人物品的安全运送。

货物标记应采用适宜的材料制作，以避免在运输过程中脱落、损坏和难以辨认。货件上与本批货物无关的运输标记，托运人必须撤除或抹消，以防止在运输过程中作业人员无所适从，引起作业混乱乃至错运情况的发生。

(3)备齐必要的证明文件

托运人托运需凭证明文件运输的货物，必须在托运货物前备齐相应的证明文件。

根据中央或省(市)、自治区法令,需凭证明文件运输的货物,托运人在托运货物时应将证明文件与货物运单同时提出,并在货物运单托运人记事栏注明文件名称和号码。车站应在证明文件背面注明托运数量,并加盖车站日期戳,然后退还托运人或按规定留发站存查。

托运货物时需要提交的证明文件,主要包括以下四个方面。

①物资管理方面的,如托运麻醉品、枪支、民用爆炸品等货物,托运人必须提出药政管理部门或公安部门的证明文件。

②物资运输归口管理方面的,如托运烟草、酒类等,托运人应提出有关物资管理部门的证明文件。

③国家行政管理方面的,如托运进出口货物,托运人须提出进出口许可证。

④卫生检疫方面的,如托运种子、苗木、动物及其产品等,托运人应提出动植物检疫部门的检疫证明文件。

对于需凭证明文件运输的货物,若托运人未按规定提出证明文件,承运人应拒绝受理。

(4)向车站提交货物运单

货物运单是托运人和承运人签订的确认运输过程中各方权利、义务与责任的运输合同,具有法定效力。货物运单既是托运人向承运人提出货物托运的申请,又是承运人承运货物、核收运费、填制货票的依据,也是货运全过程的一种运送单证,还是编制记录、备查或处理事故赔偿的凭据。它既是收货人领货的凭证,也是托运人、承运人、收货人及铁路内部进行货物交接的凭证。

铁路货物运单为一整套票据,由带编号的 6 联和不带编号的需求联组成,可以按照需求分别打印各联。各联名称及用途分别为:发站存查联,用于发站留存的已生效的运输合同;收款人报告联,发站收款的已生效的运输合同(财务凭证);托运人存查联,托运人留存的已生效的运输合同;到站存查联,到站留存的已生效的运输合同;收货人存查联,收货人留存的已生效的运输合同;领货凭证联,收货人在到站办理领货的凭证;需求联,记录客户提报需求,发站留存。货物运单右上角打印运单号码和对应的条形码,左上角打印铁路货运统一标识、下载 App 应用的二维码等相关内容。

托运人填写运单必须正确、齐全、真实,字迹要清楚,文字要规范。运单内填写的各栏原则上不应更改。属于托运人填记事项如有更改时,须由托运人盖章证明;属于承运人填记事项需要更改时,须由更改的车站加盖车站日期戳记证明。承运人对托运人填记事项除因运输变更需要代为更正到站、收货人和收货人住址各栏的内容(应加盖车站日期戳记)外,不得更改其他事项。

按一批托运的货物品名过多以致不能在货物运单内逐一填记,或托运搬家货物以及同一包装内有两种以上的货物时,托运人必须提出物品清单一式三份。物品清单是一种为了正确核收运费和处理赔偿而要求托运人提出的记载货物名称、重量、价格等内容的单据。车站在物品清单上加盖站名承运日期戳后,一份由发站存查,一份随同运输票据递交到站,一份退还托运人。除个人托运物品外,也可使用与物品清单内容相同的其他单据代替物品清单。

托运人对其在货物运单和物品清单内所填记事项的真实性应负完全责任,匿报、错报货物品名、重量时要按规定支付违约金。承运人应按运单填记的内容,将承运的货物在规定运到期限内完整地运至到站,交给收货人。

另外，对一些因性质特殊需要在运输途中加以特殊防护和照料的货物，或超过铁路正常管理和防护能力的货物，托运人从货物托运时起至到站交付时止应派人随车押运。活动物、需要浇水运输的鲜活植物、需要生火加温运输的货物、挂运的机车和轨道起重机以及按特殊规定应派人押运的货物，托运人必须派人押运。押运人应遵守押运人须知中规定的事项和有关铁路规定，对押运的货物应负责采取保证货物安全的措施。

2. 承运人的受理

托运人提出货物运单后，经承运人审查，若符合运输条件，则在货物运单上签证货物搬入日期或装车日期的作业，称为受理。

托运人向发站提交货物运单后，车站货运工作人员应对其内容逐项进行认真检查，视其填写是否正确和是否符合运输要求。发站在审核运单时应主要注意以下事项：整车有无批准的计划号码；到站站名是否正确，该到站有无营业办理限制，有无停装和限装命令；托运人、收货人名称、地址是否具体齐全；货物名称、件数、包装、重量的填记是否符合要求；货物重量、体积、长度是否符合铁路的办理条件，有关车站的起重能力能否满足；证明文件、技术资料是否齐备；一批中有多种货物时，是否满足一批的条件；易腐货物的运到期限能否满足等。经铁路审查，若运单填写无误，符合运输要求，车站方可受理，并在货物运单上签证货物搬入日期或装车日期。车站对于抢险救灾物资、直接用于农业生产的物资、鲜活货物、文艺演出用品、搬家货物以及其他需要急运的物资，应优先受理。

(二)进货和验收

在铁路货场内装车的货物，托运人按承运人受理时签证的货物搬入日期，将货物全部搬入车站，并整齐堆放在指定的货位，完好地交给承运人的作业,称为进货。车站在指定进货货位时,要考虑便于车辆取送和货物装卸、搬运作业,并保证人身和货物安全。

车站在接收托运人搬入车站的货物时,按运单记载对货物品名、件数、运输包装、重量等进行检查,确认符合运输要求并同意货物进入场、库指定货位的作业,称为验收。

验收进入货场的货物,是铁路实际接受所运货物的开始,是保证优质运输货物的第一道作业。发站在验收货物时,应根据货物运单所记载的事项逐一检查以下内容。

(1)货物品名与现货是否相符,并注意普通货物中是否夹带了危险货物。若发现不符,应认真查明,并请托运人更正,若发现有危险货物或难以判明性质的货物,应逐级汇报并按指示处理。

(2)按件数承运的货物要清点件数,现货件数必须与运单的记载相符。

(3)对托运人确定重量的货物要与现货认真核对,必要时应进行抽查。发现货物重量可疑时,应请托运人提出确定重量的依据,如过磅清单、设计图纸、计算依据等。

(4)严格检查货物的运输包装,对有国家包装标准或行业包装标准的货物,按标准验收;对需要加包装而未加包装或包装不符合要求者,应请托运人改善后再予以验收。对没有包装的货物要检查货物状态是否完整,货物状态虽有缺陷,但不致影响货物运输安全的,应请托运人在货物运单内具体注明。

(5)按规定需要托运人准备的加固材料、加固装置和装车备品,应在验收货物的同时检查其数量、质量、规格是否符合装载加固的要求。

(6)验收零散、集装箱货物时还要对货物标记各项内容与运单记载内容进行认真核对,并要求标记符合规定。

(7)贴有包装储运图示标志的货物,应检查标志是否符合货物性质和适应作业需要。若托运人使用旧包装,应检查是否已将旧标记和旧标志撤除或抹消。

上述各项检查中,要特别注意货物件数和重量的检查。一般铁路运输货物按件数和重量承运。但下列货物按整车运输时,只按重量承运,不计算件数:①散堆装货物;②成件货物规格相同(规格在 3 种以内的视为规格相同),一批数量超过 2 000 件;规格不同,一批数量超过 1 600 件。另外,托运人组织装车,到站由收货人组织卸车的货物,按托运人在货物运单上填记的件数承运。

货物重量是指货物及其包装的重量。货物重量不仅是铁路向托运人核收运输费用的依据,而且对保证货主的合法权利,充分利用货车载重量,防止货车超载,保证行车安全和货物完整都有重要的意义。因此,货物的重量必须正确。整车货物和集装箱货物的重量由托运人确定;零散货物除标准重量、标记重量或有过秤清单以及一件货物重量超过车站衡器最大称量的以外,由承运人确定重量,并核收过秤费。对于托运人确定重量的货物,承运人应进行抽查,重量不符或超过国家规定的衡器公差时,应向托运人或收货人核收过秤费。

经过上述内容的检查,对符合要求的货物,货运员应在货物运单上注明货物堆码货位的线路编号、货位号码和验收完毕日期,并签字或盖章。货物验收完毕堆放入指定货位时,要做到以下五点:

(1)经济合理地使用货位,便于装卸和搬运作业,并能保证人身和货物安全;

(2)货物堆码整齐、稳固,标记和标志向外,以便清点件数和进行交接;

(3)一批货物不得堆放两处,对性质相抵触的货物要隔离堆放,零散货物应按去向堆放,以保证货物安全和顺利装车;

(4)堆放在场库内的货物,距钢轨外侧的距离不得小于 1.5 m,靠马路一侧不得小于 0.5 m,以便保障调车人员及其他作业人员的安全;

(5)堆放在露天货位上的怕湿货物,要做好下垫上盖工作,货物堆码要成脊形,以防止货物湿损。

为了贯彻负责运输的原则,对具备条件的车站,从托运人将全批货物搬入车站并经验收完毕时起,负责承运前的保管。

(三)装车

装车是货物发送作业中一个十分重要的环节,货物运输的质量在很大程度上取决于装车作业组织的好坏。货物装载方法不当、使用的货车状态不良,往往是造成货运事故的直接原因。装车工作还直接影响货车载重量的利用效率。因此,铁路必须按照发站从严、装车从严的原则,认真做好装车作业,为途中作业和到达作业打下良好的基础。

1. 装(卸)车作业的责任范围

一般,在车站公共装卸场所装(卸)车的货物,考虑到有良好的装卸设备和完善的作业制度,由承运人负责;在其他场所装(卸)车的货物,由托运人或收货人负责。

对一些在装(卸)车作业中需要特殊设备、工具或技术的货物,即使在铁路公共装卸场所进行装(卸)车作业,仍应由托运人或收货人负责组织。这些货物包括:罐车运输的货物,冻结的易腐货物,未装容器的活动物、蜜蜂、鱼苗,一件重量超过 1 t 的放射性同位素及需要人力装卸带有动力的机械和车辆。另外,气体放射性物品,尖端保密物资,特别贵重的工艺品、展览品等性质特殊的货物,如托运人或收货人要求自己负责装(卸)车时,经承运人同意也可按其要求办理。

前述铁路公共装卸场所，主要指铁路货场；其他场所，主要指专用铁路和铁路专用线。对于在专用铁路、铁路专用线由托运人或收货人组织装(卸)车的货车，车站应在货车调到前，将调到时间通知托运人或收货人。托运人或收货人装(卸)车完了后，应将装(卸)车完了的时间通知车站。由托运人和收货人组织装(卸)的货车，超过规定的装(卸)车时间标准或规定的停留时间标准的，承运人应向托运人或收货人核收规定的货车延期使用费。

2. 货车的拨配和检查

货车是铁路运输货物的主要工具，其使用是否正确、合理，对于车辆完整、货物和行车安全及货车载重量的利用效率都有很大影响。合理使用货车的原则是：车种适合货种。

(1)铁路应根据货物的性质、重量、形状和托运人的要求拨配适当的货车，如无适当货车拨配，在征得托运人同意，并能保证货物安全、货车完整和装卸作业方便的条件下可以代用。货车代用时必须遵守承认代用的批准权限，并符合《铁路货物装载加固规则》中“货车使用限制表”(表 2-10)的规定。

表 2-10　货车使用限制表

序号	货物名称	棚车	敞车	底开门车	有端侧板平车	无端侧板平车	有端板无侧板平车	铁地板平车	共用车	备　注
1	散装的煤、灰、焦炭、砂、石、土、矿石、砖	×				×	×	×	×	无端侧板平车或有端板(渡板)无侧板平车(共用车除外)，在使用围挡并安有支柱时，可装运煤、灰、砂、石、土、砖

续上表

序号	货物名称	棚车	敞车	底开门车	有端侧板平车	无端侧板平车	有端板无侧板平车	铁地板平车	共用车	备　注
2	金属块			×		×	×	×	×	无端侧板平车或有端板(渡板)无侧板平车(共用车除外),在使用围挡并安有支柱时,可装运散装的金属块
3	空铁桶				×	×	×	×	×	应加固并外罩绳网
4	木材				×	×	×	×	×	原木不得使用棚车装运
5	超长货物	×	×	×				×		
6	超限货物	×		×				×		
7	钢轨	×		×				×		
8	组成的机动车辆	×	×	×				×		组成的摩托车、手扶拖拉机及小型车辆可使用棚车,在到站有起重能力时,可使用敞车

注:×——不准使用的车种。

(2)保密物资、涉外物资、精密仪器、展览品能用棚车装载的,必须使用棚车,不得用其他货车代用。

(3)装运活鱼、家禽、家畜时,不得使用无窗棚车,以防禽畜窒息。装运牛、马、驴、骡等大牲畜时,不得使用铁地板货车,以防牲畜打滑偏向车辆一侧,形成偏重而导致行车事故或牲畜碰伤。

(4)装运特殊条件下运送的货物,如阔大货物、危险货物或易腐货物等,应使用规定要求的货车。

为了保证货物的运输质量,装车前对拨配的车辆必须进行检查，具体检查的内容有：车体是否完好；棚车门窗及罐车阀盖能否关严，开启是否灵活，插销是否有效，窗盖及锁闭装置是否齐全、有效；有无扣修通知和通行限制；车内是否干净，是否被毒物污染；装载食品、活动物时，还应检查车厢内有无恶臭气味。

3. 装载要求

装车作业无论是由托运人组织还是由承运人组织，都必须巧装满载，以充分利用货车的载重量。

货车装载量不得超过货车容许载重量。货车容许载重量一般为货车标记载重量，但根据规定允许增载的货车应加上允许的增载量。由于货物包装、防护物重量影响净重或机械装载不易计算件数的货物，装车后减吨确有困难时，可以多装，但不得超过货车标记载重量的2%。托运人组织装车的整车货物，装载超过货车规定的容许载重量的，除应补收运费外，还应按规定核收违约金。

货物装载的高度和宽度，除超限货物有特殊规定外，均不得超过货物装载限界或特定区段装载限界。超过时，必须进行整理，符合要求才能编入列车。此外，货物的装载位置、重心位置、捆绑加固等事项也必须符合有关规定。

装运重量较大的货物，一件货物的重量不得超过到站的最大起重能力；需要中转才能运至到站的，还不得超过中转站的最大起重能力。一件货物重量超过有关车站最大装卸能力时，应与有关站协商后，才能装车。

4. 装车作业

(1)装车前检查。货运员根据货运调度员下达的装车计划，在装车前应认真做好待装货物、货运票据和货车的检查工作。

①货物运单检查。核对运单记载的到站有无停装和限装命令；核对托运人要求的车种、车吨与计划表上记载的车种、车吨是

否相符；对轻重配装和整车分卸的货物，要检查其到站顺序是否合理；货物运单内托运人有无特别记载事项。

②货物检查。按照运单记载内容对待装货物进行检查。检查货物的品名、件数和堆码货位号码与运单记载是否相符；托运人记事与货物实际状况是否相符；加固材料、加固装置及装车备品是否齐全、符合要求；如同一货位或相邻货位上有易于混淆的货物时，应分别作出标记符号，防止误装。

③车辆检查(如前述)。

(2)货物的装车。货运员在装车作业开始前，应向装车工组传达要求和注意事项。作业开始后，应与装车工组密切配合，努力改进装载技术，巧装满载，充分利用货车的载重量和容积，并充分注意装卸安全、堆码稳固，并认真清点件数，防止漏装和误装。

(3)装车后的工作。除应再度检查货物装载情况是否符合要求和进行必要的整理、加固外，还应做好检查车辆门、窗、盖、阀关闭状态和施封情况，检查原货位及相邻货位情况，填记货物运单有关栏目和事项，检查附属作业，签证装卸工作单，通知装卸工组撤除脱轨器。

5. 货车和集装箱施封

货车施封是指为保证货物安全与完整，并便于交接和划分运输责任，而使用施封锁、环等对装车后的棚车和冷藏车的车门及罐车的注、排油口采取的加封措施。使用集装箱运输货物时，对集装箱也应施封。

使用棚车、冷藏车、罐车、集装箱运输的货物，由组织装车和装箱单位在货车或集装箱上施封。货车和集装箱施封是货物(车)交接、划分运输责任的一项手段，在货物运输过程中，通过观察、检查施封状态可判明货物是否完整，从而达到划分铁路与托运人以及铁路内部各部门间对货物运输安全应负责任的目的。派有押运人的货物，需要通风运输的货物以及组织装车单位认为不需施封的货物(集装箱运输的货物除外)，可以不施封。托运人委托承运人代封时，托运人应在货物运单上注明“委托承运人施封”字样，由承运人以托运人责任施封，并核收施封作业费。

(四)制票和承运

整车货物在装车完毕后，零散和集装箱货物在验收完毕以后，托运人应向车站货运室交付运输费用，并办理制票和承运作业。

所谓制票作业，系指根据货物运单填制货票。货票是铁路运输的凭证，也是一种财务性质的货运票据。它是铁路清算运输费用、确定货物运到期限、统计铁路完成的工作量、确定货运进款和运送里程及计算有关货运工作指标的依据。

零散和集装箱货物在发站验收完毕，整车货物在装车完毕，并核收运输费用后，发站在货物运单上加盖承运日期戳记的作业，称为承运。货物承运意味着托运人和承运人的运输合同签订完毕，开始生效。承运是铁路负责运输的开始，也是承运人对托运人履行运输合同的一个重要标志，它表示铁路开始对托运人托运的货物承担运输义务，并负运输上的一切责任。

二、货物的途中作业

货物在运输途中需要进行的各项货运作业，统称货物的途中作业，主要包括途中货物的交接、检查，货物的换装整理，货物运输变更，整车分卸及运输障碍处理等。

(一)途中货物的交接、检查

为了保证货物运输安全、分清运输责任，在运输过程中，车站人员与乘务员之间或乘务员相互之间，应在铁路局集团公司指定的地点和时间办理货车或货物的交接、检查工作。货物列车在编组站或区段站办理交接。中间站对本站作业的车辆与乘务员办理交接。在技术站，区段货物列车应由车站指定人员与乘务员交接；直通货物列车由乘务员之间办理交接。货车交接使用列车编组顺序表，货物交接使用乘务员手册或货车装载清单。货车或货物的交接、检查工作是贯彻负责运输、落实岗位责任制的重要内容。

货物的交接、检查可分为施封的货车和不施封的货车两类。

(1)施封的货车，凭封印交接。但对虽已施封而未在货物运单或票据封套上注明的货车，按不施封货车交接。对罐车上部封印，交接时不检查。

(2)不施封的货车，可分为苫盖篷布和未苫盖篷布的两种。前者凭篷布现状交接；后者凭货车现状、货物装载状态或规定的标记交接。对苫盖货物的篷布顶部、煤车的标记和平整状态不作交接，但若接方发现有异状，由交方编制记录后接收。

为了保证有充分的时间办理交接、检查，又不致影响列车按时出发或解体，各铁路局集团公司应根据管内的列车编组、运行图、车站作业能力等实际情况，规定适当的交接时间和地点，接收方应在规定的时间内对列车检查完毕。

(二)货物的换装整理

当在运输途中发现货物超偏载或撒漏，因车辆技术状态不良不能继续运行，货车装载状态有异状，加固材料折断、损坏，货车篷布苫盖不严或捆绑不牢，以及货车违反乘务区通行限制等情况时，发现车站(或指定站)应及时确认，必要时进行换装或整理，以避免货物损失的扩大和威胁行车安全。处理站作业完毕后应在货票丁联背面记明有关事项。

进行换装时，车站必须根据货运票据检查货物的现状，如发现货物损坏或件数不足，应编制货运记录。对因换装整理而卸下的部分货物，处理站应编制货运记录并予以及时补送。

换装或整理所需要的材料一般由铁路材料厂供应。换装整理的费用，属于铁路责任时，由铁路内部清算；属于托运人责任的，处理站应填发垫款通知书，并随同运输票据送至到站，向收货人核收。对于不能在当日换装挂运的货物，应及时通知到站，以便收货人查询。

(三)货物运输合同的变更或解除

货物运输合同的变更或解除，也称货物运输变更，是指对已承运的货物，在发送前托运人向承运人提出取消托运，或托运人、收货人提出变更到站、变更收货人的书面要求。

货物运输合同签订后，承托双方都应信守合同、严格履行。但托运人或收货人由于特殊原因，对承运后的货物，可按批向货物所在的中途站或到站提出变更到站、变更收货人；承运后发送前，托运人也可向发站提出取消托运。

货物运输合同的变更和解除，将降低货物计划运输的质量，打乱正常的运输秩序，有时还要增加货车在途中的调车作业和非生产停留时间，增加作业费用，延缓货物的送达。因此，对于货物运输合同的变更和解除，应加以限制。为此，铁路不办理下列情况的货物运输变更：

(1)违反国家法律、行政法规、物资流向、运输限制的变更及蜜蜂的变更；

(2)变更后货物运到期限大于货物容许运输期限的变更；

(3)变更一批货物中的一部分；

(4)第二次变更到站。

托运人或收货人要求变更或解除货物运输合同时，应提出领货凭证和规定格式的货物运输变更要求书，提不出领货凭证时，应提出其他有效证明文件，并在货物运输变更要求书内注明。

货物运输变更由车站受理，但整车货物变更到站时，受理站应报主管铁路局集团公司同意。车站在处理变更时，应在货票记事栏内记明变更的根据，改正运输票据、货物标记等有关记载事项，并加盖车站日期戳或带有站名的名章。变更到站时，处理后应电知新到站及其所属铁路局集团公司的收入检查室和发站，以便正确结算运输费用。

办理货物运输变更和取消托运时，托运人或收货人应按规定向铁路支付手续费。

(四)整车分卸作业

按整车分卸办理的货物，在途中分卸站要进行货物的分卸作业。分卸站在接收重车时，应认真检查货车状态，核对货运票据。卸车时要认真对票卸货，防止漏卸和误卸。卸车后要整理车内货物，防止车内货物在继续运行过程中倒塌、坠落而导致货运事故，或者由于偏载、偏重而导致行车事故。因分卸货物性质货车需要洗刷或除污时，分卸站应在整车分卸货票上注明原装货物名称及需要洗刷除污的要求，以便最终到站进行处理。

此外，应将两份分卸货物运单截留，一份随货物交付给收货人，一份由分卸站存查。

(五)运输障碍的处理

由于不可抗力的原因致使行车中断，货物运输发生阻碍时，铁路局集团公司对已承运的货物，可指示绕路运输，或者在必要时先将货物卸下，妥善保管，待恢复运输时再行装车继续运输，这种情况下所需的装卸费用，由承担装卸作业的铁路局集团公司承担。

因货物性质特殊，绕路运输或卸下再装可能导致货物损失时，处理站应联系托运人或收货人，请其在要求的时间内提出处理办法。如超过时间未接到答复或因等候答复将使货物造成损失时，可比照无法交付货物处理，即按照国家颁发的《关于港口、车站无法交付货物的处理办法》的规定处理。此时，处理站应开列清单，报请当地经济主管部门批准，但当货物有变质、燃烧、爆炸及泄漏等危险时，可先行处理，事后报告对运输障碍采取上述积极处理措施，是铁路货物运输工作中贯彻负责运输原则的具体体现，也是对国家和人民财产负责的表现。

上述各项途中作业中，货物交接、检查和整车分卸属于正常作业；而换装整理作业、货物运输变更和运输阻碍的处理属于由某种原因引起的非正常作业。为了提高货物运输质量，运输过程中的各个作业环节必须密切配合，严格按规定操作，尽可能减少非正常途中作业的发生。

除上述作业外，集装箱的中转作业、易腐货物的途中控温作业等也属于货物的途中作业。

三、货物的到达作业

货物在到站所进行的各项货运作业，统称货物的到达作业。

(一)重车和货运票据的交接

列车到达到站后，车站应及时核对现车，并进行货运检查，检查无误后，与车长或乘务员办理重车和货运票据的交接签证。运转室将到达本站卸车的重车票据登记后，移交货运室。

货运室接到货物到达票据后，即进行登记，并核算在途中和到站发生的各项费用，以便交付时向收货人结算。

(二)货物的卸车

卸车是排空车和装车的基础，是到站工作组织的关键。正确、迅速、及时地组织卸车作业，对于保证货物运输质量、确保装车车源、完成排空任务以及加速货车周转、提高货车使用效率都具有重要的意义。货物的卸车作业主要包括以下环节。

1. 卸车前检查

为了保证卸车作业的顺利进行，防止误卸并确认货物在运输途中的状态，便于分清责任，必须进行卸车前检查，具体内容如下。

(1)货位检查。货运员接到货运调度员下达的卸车计划后，应提前准备好空货位，确定卸车地点和送车顺序。

(2)运送票据检查。检查票据记载内容与现车状况是否相符，与货运调度员下达的卸车计划是否相符。

(3)现车检查。认真检查车体或货物的装载状态，施封、篷布的状态。如发现货物有异状，应先行处理后再进行卸车，有关事项应予记录。

2. 卸车作业

卸车作业开始前，货运员应向卸车工组传达卸车的要求和注意事项。在卸车过程中，货运员与卸车工组应当密切配合，要正确拆封、开启车门或取下苫盖篷布，要逐批核对货物、清点件数，应合理使用货位、按标准进行堆码，对于事故货物要编制记录。此外，要注意作业安全，加快卸车速度，以加速货车周转。

3. 卸车后检查

(1)运输票据检查。检查货物实际堆放的货位与票据记载的卸车货位是否相符。

(2)货物检查。检查货物的件数、堆码及防火、防湿措施是否正确，货车篷布是否妥善折叠并送往固定地点，卸下的加固材料、加固装置是否整理好并与卸下的货物放于一处。

(3)卸后车辆检查。检查车体是否被损坏,车内货物是否卸净并清扫干净,车门、窗及端、侧板是否已关严,罐车盖是否已盖好,失效的表示牌是否已全部撤除等。

此外,对于按规定应洗刷除污的货车,应按规定进行洗刷除污或者向指定的洗刷除污站回送。

(三)货物的交付和搬出

货物交付是指承运人在规定的地点与收货人进行货物(车)交接后,并在货物运单上加盖货物交付日期戳记,表示货物运输过程终止的作业程序。由承运人组织卸车和发站由承运人组织装车、到站由收货人卸车的货物,在向收货人点交货物或办理交接手续后,即为交付完毕;发站由托运人组织装车,到站由收货人组织卸车的货物,在货车交接地点交接完毕,即为交付完毕。交付完毕,货物运输合同即告结束。

货物的交付和搬出作业应注意以下内容。

1. 做好货物的催领通知工作

为了加速货位周转,提高货场作业能力,内勤货运员接到到达货运票据并核对完毕后,在票据上加盖到达日期戳记,并登记到达登记簿,计算出交付货物时应收或应退的一切费用后,应及时发出催领通知,这是铁路履行运输合同的义务之一。通知的时间:由铁路组织卸车的货物,应不迟于卸车完了的次日,以便收货人能迅速领取货物和加速货位周转;由收货人组织卸车的,到站应在货车调到前,将调到时间通知收货人。通知的方式:可以采用电话、书信、电报、广告等,也可与收货人商定采用其他通知方式。

发出货物催领通知时,车站应在货票有关栏内记明通知的方式、时间,发送电报和书信的收据及接电话的人的姓名等内容,以便备查。

2. 做好货物的查询工作

收货人向到站查询货物是否到达时，内勤货运员应以积极热情的态度给予解答。若货物未到，到站应在领货凭证背面注明货物未到并加盖车站日期戳记。

收货人在到站领取货物时，须提出领货凭证，并在货票丁联上盖章或签字，以备存查。

3. 做好货物的交付工作

收货人接到催领通知后，应及时领取。领取货物时，须提出领货凭证，并在货票丁联上盖章或签字，以备存查。如领货凭证未到或丢失时，机关、企业、团体应提出本单位的证明文件；个人应提出本人居民身份证、工作证（或户口簿）或服务所在单位（或居住所在单位）出具的证明文件。用本人的居民身份证、工作证或户口簿做证件时，车站应将姓名、工作单位名称、住址及证件号码详细记载在货票丁联上；用证明文件时，应将领取货物的证明文件粘贴在货票丁联上。

到站根据收货人提出的领货凭证或有效证明文件，经与货运票据核对后，由收货人在货票上签章，收清一切费用后，即在运单和货票上加盖交付日期戳，并将领货凭证或证明文件粘贴或记载在货票丁联上，然后将货物运单交给收货人，收货人凭货物运单到货物存放地点领取货物。

外勤交付货运员凭收货人提出的货物运单向收货人点交货物，然后在货物运单上加盖货物交讫戳记，将交付日期、经办人姓名填入卸货簿。收货人搬出货物时，车站门卫应认真核对货物品名、件数、交付日期与货物运单及搬出证上的记载是否相符，经检查无误后收回货物搬出证并在货物运单上加盖货物搬出完了戳记，予以放行。

为了加速货位周转、防止货场阻塞，保证铁路的正常生产秩序，完成更多的运输任务，对于承运人组织卸车的货物，收货人应于承运人发出催领通知的次日（不能实行催领通知或会同收货人卸车的货物为卸车的次日）起算，2天内将货物搬出。超过上述期限未将货物搬出，对其超过的期间应核收货物暂存费。但根据各地的具体情况，铁路局集团公司可以缩短免费暂存期限1天，也可以提高货物暂存费率，但提高部分最高不得超过规定费率的3倍，并均应报当地政府和中国国家铁路集团有限公司（简称国铁集团）备案。另外，车站站长也可适当延长货物免费暂存的时间。

4. *妥善处理无法交付货物*

收货人拒绝领取货物时，应出具书面证明。自收货人表示拒绝领取之日起，到站应在3天内及时通知托运人和发站，征求处理意见，托运人自接到通知之日起，应在30天内提出处理意见答复到站，以便到站及时处理该批货物。

为了加速货位周转，保证货场的清洁、畅通，从到站发出催领通知的次日起（不能实行催领通知时，从卸车完了的次日起），经过查找，满30天（搬家货物满60天）仍无人领取或收货人拒领，托运人又未按规定期限提出处理意见的货物，到站可按无法交付货物处理。对性质不宜长期保管的货物，承运人根据具体情况，可缩短通知和处理期限。值得注意的是，货物交付工作是铁路运输服务的最后环节，对未按时领取的货物和逾期无法交付的货物，车站应本着负责运输和维护铁路信誉的精神，积极查找收货人；对货物性质特殊，不宜继续保管的货物，应采取相应措施，妥善处理。

第三节　铁路货运服务及多式联运

一、铁路货运业务服务流程现状

1. 客户办理手续复杂。从客户进行注册开始，到进行货物受理、发送和交付业务，作业流程涉及的操作繁多、审批部门复杂，且存在重复提供文件证明的现象，增加客户到站办理的次数，铁路运输周期变长。而客户对于复杂的办理流程较为生疏，降低了作业效率和客户满意度。

2. 作业人员结构欠佳。货运业务办理流程复杂，各网点间相互独立，作业人员包括客服、计划员、制票人员、核算员、内勤交付人员、外勤货运员和调度人员等，人员需求量巨大。而从北京货运中心的实际人员比例来看，50 岁以上职工占 52.3%，职工老龄化问题突出；到 2025 年各岗位职工将减少 460 余名，人数呈现逐年递减趋势，缺员现象明显；部分网点处于单人单岗或无人作业状态，尤其是外勤的结构性缺员带来的安全隐患，影响货运业务的发展。

3. 业务操作环节冗杂。一是串联操作，流程繁杂。既有货物受理发送和交付业务的各个环节为串联关系，货物在不同作业地点的反复移动增加了作业强度和时间消耗；各环节在时间上的先后影响和制约增加了办理流程的等待时间，降低工作效率。二是职责重叠，操作不规范。实际工作中由于作业环节存在流程不规范、环节有交叉，造成部分网点岗位间的职责分工不明，职工的责任范围和操作标准模糊，出现重复操作或者责任推诿问题，影响作业效率和质量。

4. 标准作业难度较大。各网点分散作业且相互独立，涉及的铁路货运业务类型不同，对内勤业务作业标准掌握的程度不一致，收费标准和制票标准缺乏统一性，存在作业不符合规范和标准的现象，影响服务质量和品牌建设，而且货运中心需要根据网点特点分别进行管理，增加了统一管理的难度和成本。

5. 信息传输不够畅通。自货票电子化推行以来，铁路货运业务注重信息系统的运用，但是由于作业环节多、系统功能重叠，造成操作复杂且系统功能利用不充分，例如对于经常发货的客户，可以利用电商系统受理模板功能，实现一键受理，同时减少后续作业环节的工作，但是目前只有个别网点推行；货票单据人工传递、统计上报等人工作业量仍然较大，易出现错误和问题；系统间相对独立，影响信息传输，无法实现各环节之间的信息共享和互联互通，存在信息壁垒，影响工作效率。

二、铁路货运业务服务流程优化

通过设置货运业务服务中心整合货运业务，横向覆盖多个渠道业务办理方式、覆盖多个网点货运业务，纵向深入整合作业流程、完善业务办理程序，对铁路货运业务服务流程优化设计如下。

1. 完善服务体系。一是拓展咨询受理渠道。除利用现场咨询办理、货运电子商务系统（95306 网站）、95306 电话咨询等既有模式，充分发挥货运业务服务中心 400 客服电话和微信公众号的作用，与综合服务中心实现直接对接。二是客户细分管理。按运输规模分为稳定发货大客户和少量发货小客户，按客户分别制定相应的货运方案，提供个性化服务和流程制定，如大客户进行电商模板保存，以实现货运业务服务中心一键受理。三是业务服务中心增设服务项点。包括提供托运人存查联、领货凭证代寄服务，去除纸质运单的取送环节；提供开具和邮寄增值税发票服务，客户根据需求将开票信息提供至方便的开票点，增值税发票可自行带走也可以进行邮寄；提供电商注册统一审核服务，避免网点单独审核，缩减客户注册时间。四是引导交费新方式。客户可采用电汇转账、POS 机、现金和支票等方式付款，同时开拓微信、支付宝等新型支付方式，提高交易的快捷性和便利性。

2. 整合信息资源。一是串联信息应用系统。利用信息资源，自主研发铁路货运业务集中服务平台，服务于作业流程优化。该平台纵向整合货运计划、核算、制票、交付、客服五个现有岗位业务系统，实行全流程简洁操作，自动回填；利用平台打破系统限制，在下拉列表中选择相应发站，由货票系统后台自动登录。二是数据信息自动填记上报。运输收入系统中财收-8 与财收-22 报表中相关信息从货票系统财收-4 原始数据中自动抓取后填记，操作人员仅需核对并填记相应付款方式，此外，系统可以直接打印财收报表，省去既有繁杂货运流程，减少内勤人员每日填报财收报表的工作量。同时在大数据的基础上，可根据需求单内关键信息自动填记相应记事，系统后台匹配运费金额一致后自行打印计费，实现智能出票，有效提高工作效率和作业准确性，减少人工失误。

3. 优化岗位业务。一是调整岗位结构。将人力资源集中到货运业务服务中心，进行优化配置，改变货运单人单岗的岗位设置方式，推行客服、计划、制票、交付、核算多个岗位纵向融合的多人多岗作业模式，提高服务中心职工的综合业务能力，实现全面发展的同时提高工作效率。二是整合网点内勤业务。设立货运业务服务中心，横向覆盖多个网点内勤业务，统一制票标准和收费标准，避免内勤人员业务水平参差不齐和网点作业标准不统一的问题。三是统一管理票据。每月按要求装订发站存查联和到站存查联，实行票据由中心统一填制、统一装订、统一保存，提高票据管理的安全性。四是网点内外勤合署办公。提高内外勤岗位信息传递效率，实现作业互控互补，主要完成实货确认、现场装卸车、收费、杂费票及收费凭条管理等业务，减少内外勤之间不必要的信息传递以及业务流程交叠和往返。

4. 建立高效联系机制。利用信息化手段，在货运业务受理中心安置监控视频，实时掌握作业动态和运单进度。建立网点与中心视频对话机制，主要负责实货核实和信息确认工作，保证联系的及时性、信息的准确性、各作业环节的连贯性。

三、联合运输组织

联合运输是合理运输的主要组织活动形式之一，将不同的运输方式、多个运输企业，或产、供、运、销部门有机地衔接起来，对运输全程进行统筹，使货物办理一次托运手续便能从产地或始发地迅速、简便、经济、安全地运达收货地，旅客能一票到达目的地。联合运输兴起于20世纪50年代，我国是开展最早的国家之一。随着联合运输的发展，其范围及形式不断扩大和增多。

(一)概念

1. 货物联合运输含义

货物联合运输是综合利用某一区间中各种不同运输方式的优势进行不同运输方式的协作，使货主能够按一个统一的运输规章或制度，使用同一个运输凭证，享受不同运输方式综合优势的一种运输形式，其最低限度要求是两种不同运输方式进行两程的衔接运输。联合运输按地域划分为国际联运和国内联运两种，国内联运较为简单，国际联运是联合运输高水平的体现。

2. 联运经营人

联运经营人是指签发联运单证的人(包括任何法人、公司或法律实体)。如果国内法律规定，任何人在有权签发联运单证之前，须经授权或发照，则联运经营人只指这种经过授权或领照的人。

3. 联运单证

联运单证是指证明从事货物联运工作或组织货物联运工作合同的一种单证。单证正面应标有“可转让的联运单证，根据联运单证统一规则签发”，或“不可转让的联运单证，根据联运单证统一规则签发”字样。

4. 联运经营人的责任和义务

《联合国国际货物多式联运公约》以及《民法典》对多式联运经营人的法律地位等作出了规定，1975 年国际商会修订了《联合运输单证统一规则》(以下简称《规则》)，作为国际惯例，被国际货物多式联运合同双方当事人经常协议采用，其中，“规则五”明确了多式联运经营人的责任和义务。

(1)从掌管货物时起至交付货物时止，负责从事和/或以他自己的名义组织货物联运工作，包括这种联运所需要的一切服务工作，并在《规则》所规定的范围内，承担这种联运和这种服务工作的责任。

(2)对于他的代理人或雇佣人员的行为和否定行为犹如这种行为和否定行为是他自身的那样，承担责任，如果这些代理人或雇佣人员是在他们职责内行事。

(3)对于他所使用的为其履行以联运单证作为证明的合同而提供服务的任何其他人的行为和否定行为，承担责任。

(4)负责从事或组织为确保货物交付所必需的一切工作。

(5)对于从他掌管货物到交付货物期间发生的关于货物的灭失或损害，承担《规则》规定范围内的责任，并负责支付《规则》规定的有关这种灭失或损害的赔偿金。

(6)承担关于延迟交货的责任，负责支付《规则》所规定的赔偿金。

(二)运输方式

目前全球对货物的运输形式主要包括陆(公)、海、铁、空。

1. 陆空联运

民用航空作为重要的交通方式之一，在多式联运中起着非常重要的作用。国际航空运输协会统计，虽然航空运输的货物在重量上不到全球贸易的1%，但在价值上占到全球贸易的35%。就航空运输而言，货物的多式联运主要包括空陆联运、空海联运和空铁联运，这3种联运方式正在实践中不断深化与发展。

空陆联运是航空货运相关多式联运方式中发展相对成熟的联运形式，具体表现在运营长久、设备兼容、通关便捷、衔接顺畅上。2020年，交通运输部发布了《空陆联运集装货物转运操作规范》，将空陆联运的定义规范为采用航空和陆路两种运输方式完成的多式联运。包括陆路转航空和航空转陆路两种形式。同时，其还规定了道路运输承运人基本条件、航空集装器与货车标准、联运操作流程、信息提供和应急处置要求等，对空陆联运的深度发展起到了指导与规范作用。

空铁联运，简而言之就是民航与铁路的联合运输，最早的空铁联运源于客运。2012年，东方航空、春秋航空等多家航空公司与上海铁路局开展了空铁联运；2014年，天津机场推出“经津进京”和“经津出京”空铁联运客运产品。经过多年空铁联运的探索与实践，我国客运空铁联运取得了较大发展。随着多式联运的深化，货运空铁联运产品也在不断涌现。自2014年起，中国铁路总公司开展高铁快运业务。2018年6月，中国铁路总公司直属控股企业中铁快运股份有限公司与顺丰控股旗下深圳顺丰泰森控股(集团)有限公司共同组建中铁顺丰国际快运有限公司，主营高铁快运、快速货物班列等特殊物流服务。2019年1月，双方的合作进一步升级，首开沪深特快班列。高铁货运的快速发展使民航与高铁在 4 h 范围内的运输竞争越发激烈。民航一方面要更加重视航空货运的发展，另一方面要进一步加强与铁路的多式联运。

2. 陆海联运

陆海联运与陆空联运一样，外贸公司在发货地将货物装车后，即可凭规定的货运单据在当地中国银行办理结汇，这样可以大大缩短收汇时间。另外，陆海联运可以利用海运航线多、订舱方便等有利条件，使货物能及时装运出口。陆海联运主要分为海铁联运和公海联运。

(1)海铁联运

海铁联运涉及的政府部门、企事业单位较多，流程、单证和法律责任比较复杂。

一是卖方向货运代理提出运输委托。卖方在向货运代理提出运输委托时一般要如实填写“运输委托单”。货运代理在收到“运输委托单”后主要考虑的内容有：货物的品名；货物的尺寸和重量；成本因素。通常情况下，卖方还可以委托货运代理办理报关、报检等手续，不过卖方需另外支付费用，并提供合格的报关、报检单据。

二是货运代理向海铁联运经营人进行运输委托。货运代理在确认卖方运输委托之后，书面向海铁联运经营人进行委托，填写“海铁联运委托单”。这一环节是目前国际贸易运输中最容易产生欺诈行为的环节。

三是海铁联运经营人履行运输责任，做好进口安排。

四是办理提货手续。在实际的海铁货物联运当中，货运代理、船公司、铁路运输公司常常充当海铁联运经营人。当货运代理作为海铁联运经营人时，实际的业务流程表现为单一的“卖方—海铁联运经营人—买方”；如果由船公司或铁路运输公司充当海铁联运经营人，实际的业务流程表现为“卖方—货运代理—海铁联运经营人—货运代理—买方”。

(2)公海联运

作为陆海联运的另一种形式,公海联运即公路海运联运,也是实际业务中经常被使用的方式。它与海铁联运的业务流程基本相同,主要差别表现在以下五个方面。

一是公路汽车运输公司成为联运经营人的分承包商,发挥着与海铁联运当中铁路运输公司同样的作用。

二是联运经营人签发的是公路海运联运提单,用于买卖双方进行结汇和提货。

三是公路汽车运输公司使用“公路运单”作为运输合同,用以约束公海联运经营人与汽车运输公司的权利和义务。

四是通常情况下,汽车运输公司不拥有货运站,而是由联运经营人直接指示汽车运输公司将货主的货物运输到指定的场站或仓库,这个场站或仓库可以是船公司的,也可以是联运经营人自己拥有的或租赁的。

五是公路运输同铁路相比具有灵活性,但对于长距离内陆运输,铁路运输具有价格优势。

3. 运输接续

(1)衔接运输或接力运输

衔接运输或接力运输是指两种运输方式以上或一种运输方式两个环节以上的运输接续(包括回程配载)。货物联运按运输组织方式的不同,可分为大宗货物干线联运和零散货物干支线间和支线间联运。

大宗货物干线联运,习惯上称之为“大联运”。这种大联运,在我国一般由交通、物资、商业等部门在各级经济综合部门的组织和领导下互相签订协议,具体进行。零散货物干支线间和支线间的联运,就是由当地联运企业之间、联运企业与运输企业之间签订协议和合同，互为代办中转或异地代理转运以完成全过程的多式联运业务，习惯上称之为“小联运”。

货物联运按装载方式的不同，可区分为整车（或整批）货物联运、零散货物联运以及集装箱联运。按不同运输方式之间的运输组合情况又可分为铁、水联运，铁、公联运，铁、公、水多式联运，公、空联运，水、水联运等。按区域划分又可分为国内联运和国际联运。

（2）运输代理服务

运输作为社会经济活动，必须由托运方和承运方相结合才能进行。随着市场经济的日益发展，社会化生产规模的日益扩大和产、供、运、销分工的不断变化，这种直接结合的运输经济活动，越来越显示局限性，因此，一种承运方、托运方双方间接结合的运输经营方式就产生了。这种运输方式就是在整个运输全过程中，货主和运输企业之间不发生直接关系，而是通过代理人开展业务活动，充当这种代理人角色的就是由此而产生的各种联运企业。

运输代理服务的具体经营方式有多种形式，从代理的服务对象来分有为货主代理和为运输企业代理两种形式。为货主代理，包括代办托运手续；代理包装、清点货物；集装箱货物的拼装和拆卸、中转仓储、保管、代办报关和保险，取货上门，装车装船等；货物运到目的地后，代货主提货，送货到家，有的还代办财务结算，代货主催促和验收货物；货物送到后，提供拆卸、搬运和安置妥当等各项服务；还有的联运企业进一步运销结合，提供代货主推销产品，代购原材料，介绍合作、合营对象等业务。为运输企业代理，主要是组织和提供运输货源，代办承运手续，组织港站的集、疏、运任务，帮助运输企业堆码货物和寻找货主，催促提货，提供中转仓库和场地，以缓解港站和厂矿企业设施不足。

运输代理是联合企业的基本任务，它的基本要求是力争做到“一次托运，一次收费，一次结算，一票到底，全程负责”。它节约了办理运输的人力和时间，方便了货主和运输企业，加速了货物的周转，提高社会经济综合效益。

(3)运输协作

运输协作是指在货物运输全过程活动中，把生产、供应、运输、销售等部门的各个环节联成一个有机整体，主要是通过运输企业之间，运输企业和厂矿企业之间的协作，而联运企业则是这种协作中的一个重要组成部分。

联合运输是随着现代化社会生产规模日益扩大和专业化大分工而出现的一个新兴运输分支，在各种运输方式和产、供、运、销以及集、疏、运等“结合部”和“枢纽”中起衔接配合、协作服务的作用。通过联运企业开展代理业务，组织各种运输方式之间的联运，发展横向联合和运输协作更有条件做到选择性优化，采用最经济的方式和运输线路，促使铁、公、水、空进行合理分流，各种运输工具设施得到充分利用，从而加速了商品、资金的周转和缩短运输工具的停留时间。联运企业既为货主服务，也为运输企业服务，这种“一手托两家”的双向服务，可以更好地发挥综合运输体系的整体功能，取得更为良好的经济和社会效益。

(4)无轨货运站多式联运

铁路发展无轨货运站是铁路实施多元化经营的重要举措，是对铁路运输组织模式的创新和大胆尝试，也是铁路货运改革具体行为上的实践。无轨货运站的建立打破了传统铁路运输瓶颈，延伸了铁路货运服务链条，将触角延伸到“门到门”服务，实现了铁路货运由运输提供商向物流服务提供商转变。在稳定既有铁路货源的同时，拓展新的运输市场版图，更好地服务市场需求。随着无轨货运站网络的铺开，以点穿线，连线成网，将大大提升铁路在多式联运系统中的主导地位。铁路通过无轨货运站的实践，有利于向综合物流服务商转变，打造铁路多式联运运输产品品牌，塑造铁路运输优质服务形象,提高区域经济发展水平,进一步完善我国综合交通运输服务体系。

①无轨货运站。无轨货运站是指在铁路车站营业场所以外的货源集散地设立的铁路物流经营服务网点。通常开设在没有铁路经过但有铁路运输需求的地方,如港口、大型物流园区、大型厂矿企业等货物集散地。无轨货运站除了享有同铁路货运场站一样的功能外,还包括日常业务咨询、货物受理承运、电子商务服务、在线交易支持、周边客户自提等功能。整车和铁路集装箱无轨货运站运营流程如图 2-4、图 2-5 所示。

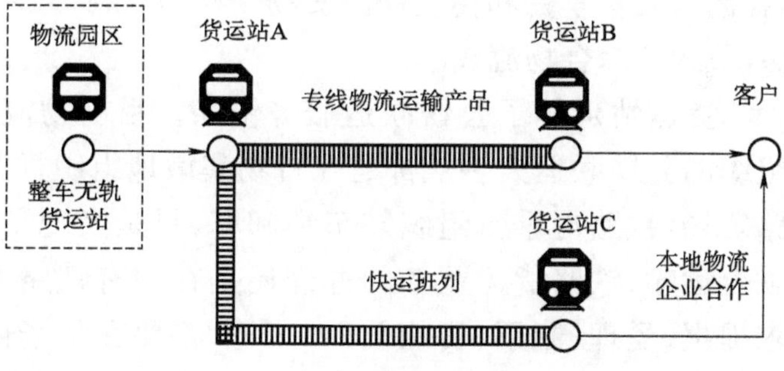

图 2-4　整车无轨货运站运营流程

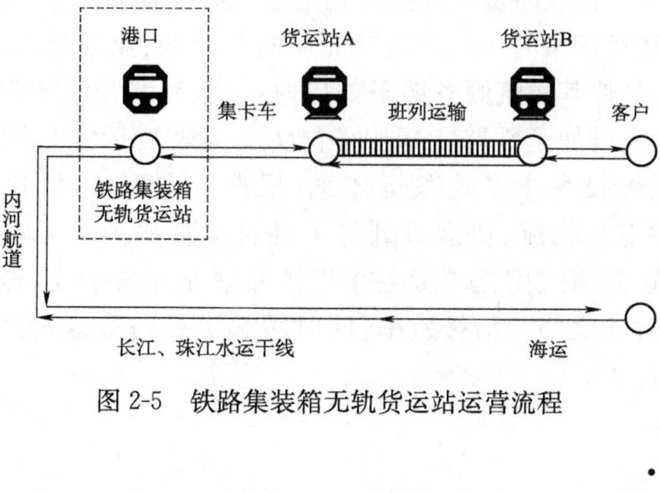

图 2-5　铁路集装箱无轨货运站运营流程

②无轨货运站统一了铁水联运基础设施。传统的铁水联运仅是两种运输方式物理上的连接,并未形成统一的联运基础设施,铁路货场没有港口功能,港口没有铁路货场功能,需要在各自系统办理集装箱运输业务,集装箱无法实现共享,双方组合运输优势并未充分发挥。而铁路无轨货运站直接在港口设置集装箱堆场,铁路集装箱提前配置在港口,提供货运业务咨询、集装箱需求提报、安检查危、检斤验货、装载检查、提箱还箱及集装箱管理等延伸业务,有效衔接集装箱铁水联运运输组织,为货主提供优质的集装箱"门到门"多式联运服务。客户可以直接在最近的港口办理集装箱运输业务,在港口发货享受和传统铁路货场一样的权利,方便快捷且绿色环保,节约了综合物流成本。

③无轨货运站延伸了公铁联运服务链条。目前物流园区货运代理组织的公铁联运大多数都是在货物集散地组织货源,然后运至铁路货场,铁路再重新组织装车和卸车,只是实现了公路和铁路的联合运输,铁路货运业务的办理还是在原有铁路货场内,货运需求提报、受理、制票、货物前后"三检"都要在货场内完成,公路与铁路中转衔接不畅问题始终存在。而无轨货运站多式联运新模式是将铁路货场开至货物集散地或者企业身边,除了具有传统铁路货运站的一些基本功能如商务洽谈、业务受理、核算和交付,又延伸其物流服务链条如接取送达、专线物流和定制运输产品,大大增加了铁路货运服务能力。无轨货运站是铁路主动作为,积极投身于多式联运体系,根据货主需求,优化运输产品,提供专线物流、快运班列等个性化运输服务。无轨货运站多式联运新模式简化了货主在货场办理业务的手续,提高了多种运输方式之间的衔接效率,同时缓解了铁路货运站集中办理业务的压力。

四、高铁快运物流运输

高铁快运是铁路由传统运输企业向现代物流企业转型的重要尝试。分析我国高铁快运物流运输组织现存的问题，结合高铁快运的特点提出优化准则，并针对现存问题提出了相应的优化对策，旨在为我国高铁快运物流业务的快速发展提供一定借鉴。为满足现代物流日益变化的市场需求，将来需要在高铁快运业务模式创新等方面进行深入研究，根据目标市场的不同及需求的变化，实施设施设备改造，引进更加先进的现代物流装备，改善作业流程和作业方法。

（一）高铁快运物流运输组织

近年来，快递服务业在国民经济中的地位逐渐提升。为了提升铁路运输的快递市场份额，实现从传统运输企业向现代物流企业转型的目标，2016 年，中国铁路总公司推出高铁快运物流业务。高铁快运以商务文件、电商包裹、生物医药产品、冷链食品和应急物品等为适运品类，是集铁路运输、储存、配送、装卸搬运、包装、流通加工及信息处理为一体的现代物流产品。高铁快运发展迅速，但其物流运输组织仍然存在一定的局限。

1. 在列车载运空间方面，高铁快运的载运设备主要为高速铁路动车组载客列车和确认车。货物装载位置一般为二等车厢内部的大件行李存放处底层、车厢最后一排座椅后方空当处，以及集装件专用存放柜，由于设计货物载运空间较小，最多只能装载 40 个快运专用集装箱。

2. 在车站货运设施方面，我国绝大多数由既有车站改造而成的高速铁路车站配备有行包房和专门的行包通道，而新建高速铁路车站没有考虑货运需求，货物进出站时只能与旅客共用站台和进出站通道，货物集散场地某些等级较低的高铁车站只能通过地下空间进行相关作业。

3. 在作业流程规范方面，高铁快运遵循“旅客先行、货物随行”的作业原则，由于站台装卸环节薄弱的问题较为突出，因而货物无法完成装车或卸车的情况时有发生；同时作业流程应急处理办法缺乏，尤其在发生突发情况时缺乏相应的应急处理方法。

4. 在运输组织协调方面，装卸计划编制人员与站台装卸人员的协调性差，货物装卸时站台装卸人员应提前从装卸计划编制人员处获知货物具体的装载位置，而且站台装卸人员主要依靠微信等外部渠道接收装卸车预报，经常会出现信息存在误差等问题。另外，高铁物流的货物配载计划还需要充分考虑动车组旅客列车的上座率情况，避免货物配载计划编制不合理；同时，针对部分长距离的高铁快运货物需要跨局集团公司运输，还应加强有效的沟通机制，减少货物在中转站滞留或退运现象出现。

5. 在内外部信息集成方面，高铁快运的内部信息集成是通过集团公司与外包软件公司合作开发的 E3 管理信息系统实现，与第三方物流公司的信息共享通过高铁快运助手 App 实现。目前一线作业人员接收作业信息主要依靠站点的固定终端显示信息，再将指令通过微信传达给站台装卸工。而高铁快运的外部信息集成主要是通过中铁快运网站和中铁快运 App 实现，中铁快运 App 功能较少，传达信息极易出现偏差及失误，经常会出现信息传达滞后的问题，客户体验较差。

（二）高铁快运物流运输组织优化

高铁快运物流运输组织优化主要遵循时效性原则和安全性原则。时效性是高速铁路品牌形象的根基，高铁快运全物流过程都应体现“快”的特点，充分发挥运输过程速度优势，关注物流环节的效率，以达到整体时效性。安全性应强调人员和设备的安全性，高铁快运主要货物种类为文件、小型设备等高附加值的货物，对运输的安全性要求较高，由于动车组结构精密，在开展高铁快运业务时应注意规范货物的装载方法，避免货物装载不当而影响动车组平稳运行。高铁快运物流运输组织优化对策如下。

1. 着重提高列车载运能力。一是积极开发车内载货空间，结合客流变化情况制订合理的货物载运方案。例如，在上座率较低的列车上，尝试在座椅间或大件行李处上层装载货物；在到站车门均在一侧开启的列车上，可以在待开启车门的对侧处装载少量快件。二是充分发掘高速铁路确认车运能，尽可能在每一列高速铁路确认车上装运。三是合理改造座椅，在对旅客乘坐舒适度影响较小的情况下对座椅进行改造，从而扩大货物装运空间，如开发折叠座椅等。四是加装座椅防护套，使座椅本身具备载货功能。该方法操作简便、成本低，但目前仅在列车预留空车厢上使用，因而可以考虑适度扩大其使用范围。

2. 改造车站货运设施。针对车站货运设施配备不足的问题，应根据高铁车站货运设施的实际情况，采取不同的改造方案。已建成的高速铁路车站，应充分利用行包通道作为货运通道；在新建高速铁路车站，可以考虑增加货运通道。针对集散场地不足的问题，高速铁路车站可以充分利用地面空间，合理规划建设小型集散场地，开辟货车专用通道与集散通道相连，使货车能够直接进入集散场地装运。

3. 优化装卸作业流程。针对业务流程中存在的站台装卸混乱问题，可以增设随车业务员岗位，协调货物装载位置与行李摆放位置，并协助装卸人员快速、精准地找到货物装载位置。此外，针对业务流程中缺乏应急处理办法的问题，管理人员应提前推演各种安全隐患，并制订相应的应急预案。优化后站台装、卸货流程如图 2-6、图 2-7 所示。

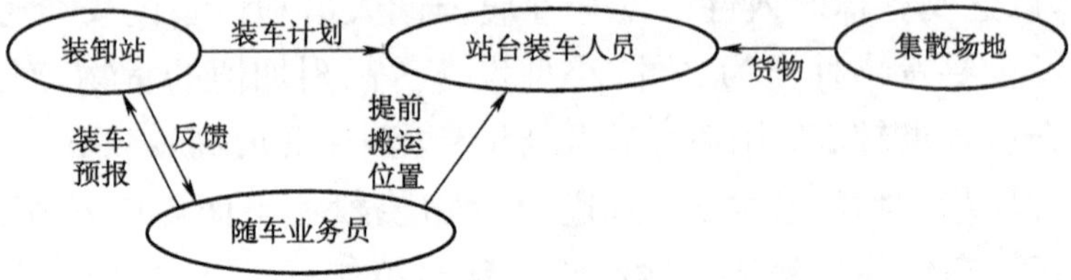

图 2-6 优化后站台装货流程

图 2-7 优化后站台卸货流程

4. 加强部门内部协调。加强货运部门内部装卸站、装卸人员和随车业务员之间的协调。建立有效的沟通机制，加强铁路局集团公司之间的协调，提高中转效率。加强客货运部门之间的协调，实现阶段性、区段性的客流及运力变化情况信息共享。

5. 提高信息集成水平。首先，在 E3 系统中增加提示功能，提示界面的信息应清晰可辨，配有提示声音和确认按键，待业务人员确认后，提示界面方可关闭。其次，开发内部 App 并与 E3 系统紧密配合，自动编制指令并向内部 App 发出通知，避免外部沟通软件的弊端。最后，提高现有系统管理智能化水平，通过与其他信息系统的对接，实现运营管理信息交互共享，外部信息集成问题可以通过外部 App 升级解决，软件开发人员应及时修复技术故障，加快更新频率，使其与手机系统更新频率一致。

五、铁路货物班列

随着我国经济发展进入新常态，产业结构也发生了很大的调整，货物班列作为适应现代化物流市场的高端货运产品，其规模化运输已经是铁路发展的一大趋势。在总结借鉴国外铁路货物班列开行经验的基础上，分析我国铁路既有货物班列现状及存在问题，从经济高质量发展新要求、国家有关政策部署方向、货运市场供需新变化目标等方面研究铁路货物班列发展面临形势，从而从打造货物班列产品体系、构建专业化载运装卸设备体系、强化班列产品运输组织、创新班列产品经营管理模式等方面提出铁路货物班列规模化发展对策。

受宏观经济与消费升级双轮驱动，快运市场蓬勃发展，客户需求向“小批量、多样、灵活”转变，货物班列在铁路拓展业务领域、主动迎合市场方面具有重大意义。随着高值货物比重不断上升，货物班列规模化将是铁路货运未来的发展方向。近年来，公路快运物流企业在技术装备、组织模式、管理模式等方面不断改革创新，推动了公路物流行业变革发展，给铁路物流发展带来新挑战。开发更丰富的货物班列产品、实施更有效的运输组织保障措施、研发更专业的载运装卸设备、拓展更全面的产品服务链条，才能提升铁路货运竞争力，推动铁路货运创新发展，促进铁路增运增收。

（一）国内外铁路货物班列组织现状

1. 我国铁路货物班列开行情况

我国铁路货物班列起步较晚，其发展历程大致分为初生起始期、探索形成期、蓬勃发展期、快速变革期 4 个阶段，如图 2-8 所示。

截止到 2021 年底，共有货物班列方案 199 列，按 160 km/h、

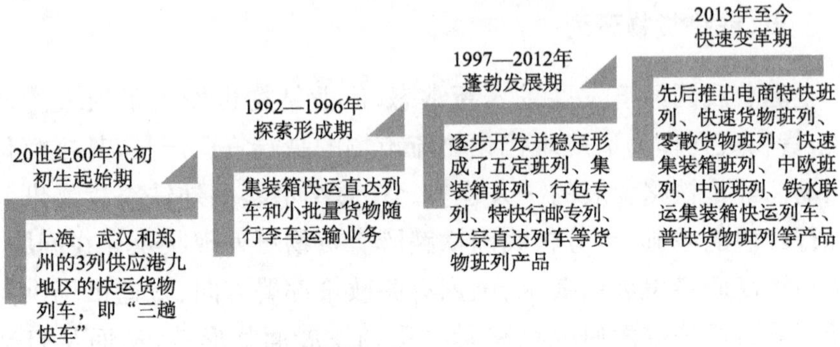

图 2-8　我国铁路货物班列发展历程

120 km/h 和 80 km/h 三个速度等级开行，分别为特快班列、快速班列（多式联运快速班列、快速货物班列、中欧班列）、普快班列（中亚班列、多式联运普快班列、普快班列）等，见表 2-11。

表 2-11　我国铁路货物班列开行情况

分类	速度等级/（km/h）	车　　型	产品类型	开行列数/列	开行周期
特快班列	160	25 t 行李车	特快班列	8	每日 1 列
快速班列	120	P_{65} 或 PB 专用货车	多式联运快速班列	9	每日 1 列
			快速货物班列	26	每周 6～7 列
			中欧班列	73	每周 1～7 列
普快班列	80	普通货车	中亚班列	30	每周 1～7 列
			多式联运普快班列	29	每周 3～7 列
			普快班列	24	每周 3～7 列

2. 国外铁路货物班列开行情况

欧美等发达国家在经历市场化改革之后，根据货运市场多样化、个性化、定制化的需求特点，构建谱系化服务产品结构，重视货物运到时限管理，并延伸铁路货运价值链。

(1)货物列车组织以始发单元列车、技术直达列车为主，以普通列车为辅。

(2)建立完善的运到期限保障措施，着力打造干线准时运输。

(3)形成产业战略联盟，发展多式联运，提供增值服务。

(二)铁路货物班列发展面临形势分析

1. 经济高质量发展对铁路货物班列发展提出新要求

(1)产业结构调整是新时代铁路发展货物班列的重要基础。我国产业结构由“231 型”向“321 型”转变，社会大宗商品等高耗能产业物流需求趋缓，新兴行业物流、电子商务、生活消费品、跨境物流等快速增长，货运逐步由过去“少品种、大批量、低频次”向“多品种、小批量、高频次”转变。

(2)国内国际双循环相互促进的新发展格局是新时代货运发展的重要机会。构建国内国际双循环新发展格局，需要发挥铁路运输大动脉的作用，发展以铁路为骨干的多式联运服务，提供更高质量更高标准的商品流通功能。

(3)贸易服务升级是新时代货运拓展物流增值服务，发展“铁路货运＋”新模式、新业态的重要推手，对运单的金融属性、贸易金融服务、联运运单一单制、供应链物流生态体系等提出了新的需求。

2. 国家有关政策部署为铁路货物班列发展指明方向

(1)《交通强国建设纲要》提出到 2035 年基本形成“全球 123 快货物流圈”，即国内 1 天送达、周边国家 2 天送达、全球主要城市 3 天送达，需要铁路提高货物送达速度。

(2)推进“一带一路”倡议、京津冀协同发展、长江经济带发展、粤港澳大湾区建设、长三角一体化发展，要求交通先行，打造物流大通道，加快实现区域间互联互通。

(3)未来将加快现代流通体系建设，形成统一开放的交通运输市场，优化完善综合运输通道布局，加强高铁货运和国际航空货运能力建设，加快形成内外联通、安全高效的物流网络。

3. 货运市场供需新变化为铁路货物班列发展提供目标

(1)供给侧结构性改革是货运班列化的前提条件。随着铁路路网规模和结构的不断完善，运输能力将进一步扩充，条件具备的区段未来将实现客货分线运输，更好地提供运力保障。

(2)需求端变革是货运班列化的基础条件。货物运输基本格局将逐步由数量增长型向价值增长型转变，如图 2-9 所示，以煤炭为代表的大宗货物比例逐年下降，以集装箱为代表的零散"白货"快速增长，货物运输将由"单一大宗原材料货物运输"向"个性化、多样化、灵活快捷"方向转变。

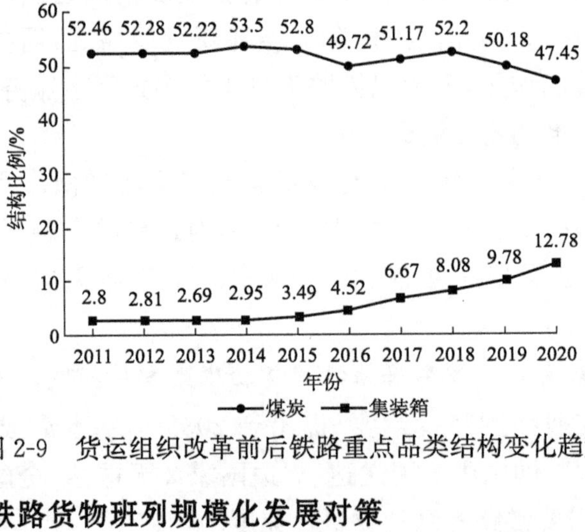

图 2-9　货运组织改革前后铁路重点品类结构变化趋势

(三)铁路货物班列规模化发展对策

1. 打造立体化分层级的货物班列产品体系

(1)立足零散高值货物入箱需求，持续扩大高值货物班列产品系列。

(2)服务国内国际双循环的发展格局，形成中欧班列国际贸易服务新高地。

(3)加强冷链物流及商品汽车运输，不断完善特种货物班列产品系列。

(4)适应电商与快递等高时效运输需求，探索发展高铁货运班列系列产品。

2. 构建专业化载运、装卸设备体系

(1)充分发挥枢纽节点货流集聚和物流集群效应，新建和优化普速铁路及高速铁路物流基地。

(2)强化基础设施互联互通，推动班列货源直取直送。

(3)发展高速度等级的专用货车和货运动车组，推进集装化器具和自动化装卸搬运设备广泛应用。

3. 强化班列产品运输组织

(1)优化运力供给机制，扩大干线班列产品运输规模。

(2)强化运输过程管理，提升班列产品稳定性时效性。

(3)加强管理考核评价，促进班列产品发展良性循环。

4. 创新班列产品经营管理模式

(1)加强与上下游产业链无缝合作，实现业务融合发展。

(2)创新发展多式联运经营管理，提供全程一体化服务。

(3)强化班列运行线管理，提升班列方案兑现率。

(4)延伸班列物流服务链条，积极拓展市场空间。

六、中欧班列运输组织

中欧班列运输组织模式在实践中不断探索完善，有力支撑了中欧班列在“十三五”期间快速、安全、高质量发展，形成了较为完整、高效、适应境外铁路条件和中欧班列运输需求特点的一整套运输组织体系,并复制到中国与中亚、西亚、东南亚、外高加索等地区国家间开行的铁路国际联运班列。随着中欧班列进入高质量发展新阶段,中欧班列运输组织模式也将根据出现的新情况、新问题、新挑战继续优化完善和创新发展,更好地适应境内外市场需求和服务"一带一路"倡议。

中欧班列在"十三五"期间已发展成为"一带一路"倡议的标志性品牌,班列开行列数由2016年的年开行1 702列增长到2020年的12 406列,年均增长达64%,2018—2020年开行列数均突破《中欧班列建设发展规划(2016—2020年)》确定的年开行5 000列的目标,截至2020年底,中欧班列开行范围已拓展到欧洲21个国家98个城市。2016—2021年中欧班列图定开行列数见表2-12。2020年,中欧班列国内开行城市达到48个,其中37个国内城市按图定开行方案开行9 266列,占全部开行列数的75%;43个国内城市按临时开行方案开行3 140列,占比25%。据境外铁路通报,中欧班列在宽轨段、欧洲段日平均运行里程均超过1 000 km。2021年,面对新冠肺炎疫情的严重冲击,中欧班列延续良好发展态势,全年开行1.5万列,运送货物146万标箱,货值749亿美元,实现逆势大幅增长,以稳定、可靠、高效的物流服务有力畅通亚欧供应链。

表2-12 2016—2021年中欧班列图定开行列数

年份	2016	2017	2018	2019	2020	2021
开行列数/列	1 702	3 673	6 363	8 225	12 406	15 183

(一)中欧班列境内运输组织创新实践

中欧班列速度等级高,全程运输保障水平要求严格,强调精准运输,以保证口岸站及出境联运的时限需求。为保障中欧班列时效性、安全性，提升中欧班列核心竞争力，满足中欧班列运输组织要求，国铁集团从境内、境外两方面对中欧班列运输组织进行了不断的探索实践，采取“图定临时结合”、图定“干支结合”的独特运输组织模式，对各地培育中欧班列市场发挥了重要作用。

1. “图定临时结合”运输组织模式

(1)“图定临时结合”运输组织方案制定

①图定开行方案。中欧班列图定开行方案是指针对一段时期内开行稳定、达到一定开行频次而纳入运行图的开行方案，运输部门根据开行方案铺画中欧班列运行图。中欧班列图定开行方案的运行图一般按不低于 1 000 km/天铺画，使用车辆、编组要求、牵引质量应符合 120 km/h 货物列车运行图相关技术条件。

②临时开行方案。中欧班列临时开行方案是指针对未纳入中欧班列图定开行方案以及图定开行方案无法满足开行需求而临时制定的开行方案。中欧班列临时开行方案按照技术直达列车方式开行，使用 80 km/h 的普通货车编组，按调度命令指定的日期、车次、运行径路等要求开行。

(2)“图定临时结合”运输组织方案优化调整

为紧密对接市场需求，充分利用口岸和线路运输能力，按照“利用率低取消、临时稳定入图、主线能力充分利用”等原则，根据口岸能力和既有图定线利用率情况，对图定开行方案进行优化调整。运输组织方案一般每个季度优化调整 1 次。

2. 图定“干支结合”运输组织模式

中欧班列图定开行方案分为干线方案和支线方案，其中干线方案是始发(技术)站与口岸站间的开行方案，支线方案为始发(技术)站与干线上接续技术站间的开行方案。中欧班列在始发(技术)站和到达(技术)站间分别按干线、支线上的车次和时刻运行，接续技术站为干支线车次的转换点。

中欧班列“干支结合”开行方案示意如图 2-10 所示。中欧班列“干支结合”开行方案制定的难点是班期排定，由于一条干线需对应一条或多条支线，因此去程班列必须排定干线和各支线在始发技术站的具体开行日期，才能避免使用同一干线的 2 列或以上干支线班列在同一天到达接续技术站，否则将造成其中 1 列或以上班列在接续技术站滞留，回程班列则不存在这一问题。

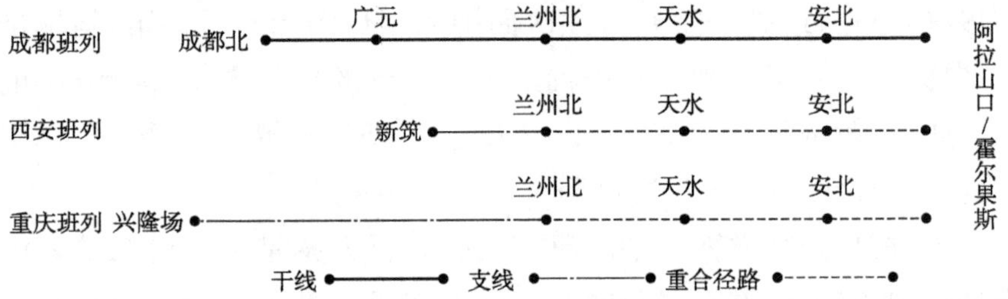

图 2-10　中欧班列“干支结合”示意

(二)中欧班列境外铁路运输协调组织

中欧班列发展初期全程运输时间较长，运输价格较高，如何让参与运输的国家做到紧密配合和密切协作成为中欧班列面临的关键问题。在中国铁路的倡议推动下，2017 年中国、白俄罗斯、德国、哈萨克斯坦、蒙古国、波兰、俄罗斯铁路成立了中欧班列运输联合工作组，下设秘书处、运输组织和营销专家工作组、信息协作专家工作组，建立了中欧班列国际铁路合作机制，共同提升中欧班列全程运输组织效率和运行速度，打造中欧班列核心竞争力。

1. 中欧班列全程运输组织协作

日常状态下，各方铁路指定相应部门人员负责协调开展中欧班列运输周计划预报工作。班列始发国于每周五向参与运送的其他国铁路部门通报下一周的预报信息，并注明运行径路、国境口岸等必要信息。同时，为保证班列在口岸顺利通行，发运国每日向接运方通报前一日中欧班列实际发运情况，以便接运方合理安排运输组织调度。中欧班列运输障碍和非正常情况的发生不可避免，当非正常情况发生时，各国之间必须及时沟通、积极协作才能保障班列的运输通畅。因此制定《中欧班列发生运输组织障碍时相互通报信息和协作办法》，保证中欧班列发生运输障碍时各方能相互及时通报信息，进行协作。经过协商，规定在运输障碍事件发生时，事发国铁路相关部门应及时通知所有参与运输的其他主体该障碍事件的详细情况和预计消除时间。

2. 中欧班列合并优化编组

为有效利用宽轨段车辆和通过能力，以及加快口岸站换装速度，中欧班列运输联合工作组提出在准轨和宽轨转化的口岸站实施"三并二"或"二并一"集并运输，并共同制定了《中欧班列合并优化编组运输组织协作办法》。集并运输组织需要各国铁路的密切配合，参与集并运输的班列自始发站发车后，发运国铁路应在规定的时间内通报班列车次、集装箱箱型、发车时间、到达口岸时间等所需预报信息，其他各方铁路严格对集并列车按照时刻表盯控，优先放行集并列车，保证编组列车在宽轨段全程运输的完整性。

3. 中欧班列运输组织优化策略

(1)完善境内外铁路全程运输组织机制。加强沿线国家运输组织紧密衔接，优化常态化班列运输组织，统筹运用境内外运力资源，提高跨境运输组织协同保障能力。依托中欧班列七国铁路协调机制，加强与沿线国家铁路协作，促进班列运行信息交换，联合编制全程时刻表，优化常态化中欧班列组织，不断拓展货物品类，提高国际铁路物流协作水平。推进国际铁路物流全程盯控，强化应急处理，减少运输拥堵。

(2)创新境内外班列运输组织方式。创新班列组织方式，境内按照“干支结合、枢纽集散”原则，发展“枢纽对枢纽”的中欧班列组织方式；推进国内口岸站常态化集并运输，提高终到宽轨段的班列编组辆数；境外依托返程货源枢纽开行欧洲到中国的公共班列，组织集结同方向货源共享班列资源。

(3)优化境外还箱点网络布局。推进境外枢纽和还箱点建设，支持按照市场化原则参与境外枢纽建设，统筹各企业境外部署的物流资源，形成境外物流经营合力，打造汉堡、杜伊斯堡、莫斯科等境外枢纽。优化境外还箱点网络布局，在欧洲主要节点城市和港口，设立更多可堆存管理标准箱和特种箱的铁路箱还箱点，满足多样化用箱、还箱需求。

(4)提升运输通道的通达性。提升中欧班列通道畅通性，推进通道多样化，提高中欧班列通道的可通达性，保障中欧班列运行的安全稳定。持续完善以沿线七国为主体的西、中、东三大通道，提升既有主线通道运能运力。拓展其他运输通道，可通过土耳其、希腊等进入南欧、西欧，进一步完善“一带一路”铁路物流网络。

第三章　铁路绿色物流技术

随着中国铁路改革的进一步深入，铁路货运改革势在必行。为适应铁路发展，寻找新的经济增长点，改革货运管理体制、机制，发展现代物流是铁路发展的必然选择。本章主要从铁路物流系统的内涵与特征入手，介绍物流的基本概念，探讨铁路物流的概念、主要特征以及主要功能，分析展望了铁路物流发展的趋势，并介绍了铁路货运技术装备，仓储装卸搬运、绿色物流包装、防尘抑尘技术。

第一节　物流的基本概念及铁路物流

一、物流的基本概念

（一）物流概念的溯源

1901 年，约翰·克罗威尔首先研究了物流问题，克罗威尔在为美国政府提供的《行业协会关于农产品配送报告》的第一部分中，研究了影响农产品配送成本的因素。

1905 年，美国少校琼西·贝克首先从军事后勤的角度提出了物流（logistics）概念，指出物流与军备的移动与供应相关。

1915 年，阿奇·萧在哈佛大学出版社出版的《市场流通中的若干问题》（*Some Problems In Market Distribution*）一书中说，“物流（the physical distribution of goods）是与创造需求不同的一个问

题”,从市场分销角度提出了有实物配送含义的物流(physical distribution)概念。

20 世纪 50 年代以后,唐纳德·鲍尔索克斯给出了一个物流模型,提出了物流的参与主体、流程等概念,但没有对此进行更多的描述,如图 3-1 所示。

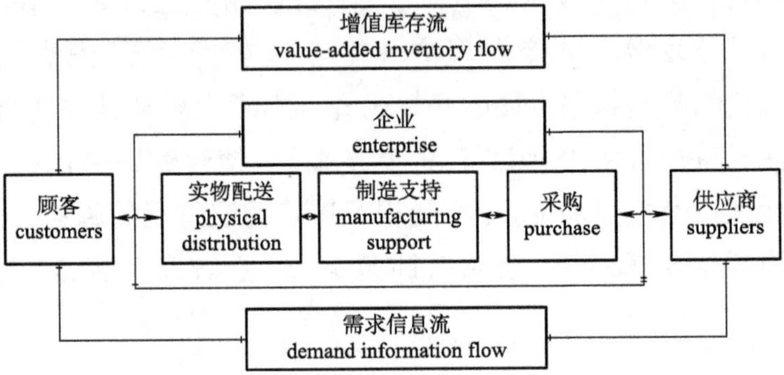

图 3-1　唐纳德·鲍尔索克斯的物流模型

(二)物流概念的发展

20 世纪 50 年代中期,美国的 physical distribution 概念传到了日本,日本将其定义为“物流”,以后又逐渐传到了欧洲、北美,70 年代末传到了中国。二战后,物流在社会经济中得到广泛应用和发展,因此出现了物资管理(materials management)、配送工程(distribution engineering)、企业后勤(business logistics)、市场供应(market supply)、物流管理(logistics management)等用于表述物流内涵的多种用词,而物流在我国被重视和得到较大的发展是近 30 年的事。

二战以后,美国、部分欧洲国家、日本等加强了对物流有关问题的研究,并成立国家或区域性物流协会或学会,一些跨国公司成立物流部,统一协调和管理公司物流活动。物流概念的界定也成为物流理论研究的重要内容。自20世纪60年代以来,对于物流的定义随着物流的发展也在不断发展,物流的研究内涵也在不断扩展和深入,见表3-1。

表3-1　物流发展过程

阶　段	时　间	特　点	社会发展特点
第一阶段:物流概念的孕育阶段	20世纪初至50年代	physical distribution(市场分销); logistics(后勤)	工业化时期,大多数欧美国家陆续进入工业化社会
第二阶段:分销物流学(physical distribution)	20世纪60至90年代	分销物流学占据了统治地位,并且从美国走向了全世界,形成了一个比较统一的物流概念,形成和发展了物流管理学,也形成了物流学派、物流产业和物流领域	世界各国大都采用了"大量生产—大量销售—大量消费—大量废弃"的社会发展模式
第三阶段:现代物流学(logistics)	20世纪90年代至今	分销物流学概念,已经不适应当前形势,采用logistics作为物流的概念	网络化时代到来,全球物流和电子物流发展阶段

分销物流学概念继续在美国得到发展和完善,形成了比较完整的物流管理学。1961年,斯马凯伊、鲍尔素克斯和莫斯曼撰写了《物流管理》,这是世界上第一本物流管理的教科书,建立起了比较完整的物流管理学科。20世纪60年代初期,密歇根州立大学以及俄亥俄州立大学分别在大学部和研究生院开设了物流课程,1963年成立了美国物流管理协会,该协会将各方面的物流专家集中起来,提供教育、培训活动,这一组织成为世界第一个物流专业人员组织。

在分销领域各专业物流理论竞相发展的同时,生产物流理论异军突起。1965年,美国奥列基博士提出独立需求和相关需求的概念，并指出生产物流与流通领域物流不同的特点，指出订货点法的物资资源配置技术只适用于独立需求物资，而企业内部生产过程相互之间的需求则是一种相关需求，并由此发展了企业资源计划 MRP(enterprise resource planning)技术。受 MRP 思想原理的启发，20 世纪 80 年代又产生了应用于分销领域的分销资源计划 DRP(distribution resource planning)技术，在 MRP 和 DRP 发展的基础上，为了把二者结合起来运用，90 年代又出现了物流资源计划 LRP(logistics resources planning)技术。物流管理由流通领域扩展到生产领域，物流由后期的管理扩展到前期的规划设计；工厂选址、厂区布局、生产线布置、物料搬运系统设计等物流规划设计方法和技术成为一个重要的物流研究领域，形成了物流管理学一个非常重要的分支学科。

所有这些企业内部物流理论和技术的强劲发展，逐渐引起了人们的关注。分销物流的概念显然不能包含它们，原来只关注分销物流的人们自然想到，使用分销物流的概念已经不太适合物流的内涵。特别是到 20 世纪 80 年代中期，随着物流活动进一步集成化、一体化、信息化发展，改变物流概念的要求就更加强烈，物流概念的发展进入第三个阶段。

第三个阶段通常指现代物流学阶段，是从 20 世纪 90 年代开始一直到现在。第二阶段物流业的发展，使全世界意识到，物流已经不仅限于分销领域，而已经涉及包括企业物资供应、企业生产、企业分销以及企业废弃物再生等全范围和全领域。原来分销物流的实物配送概念，已经不适合物流概念的内涵。值得指出的是，这个时期的物流概念虽然和第一阶段的后勤学上的物流概念英文字面相同，但是意义已经不完全相同了。物流理论演化的发展规律如图 3-2 所示。

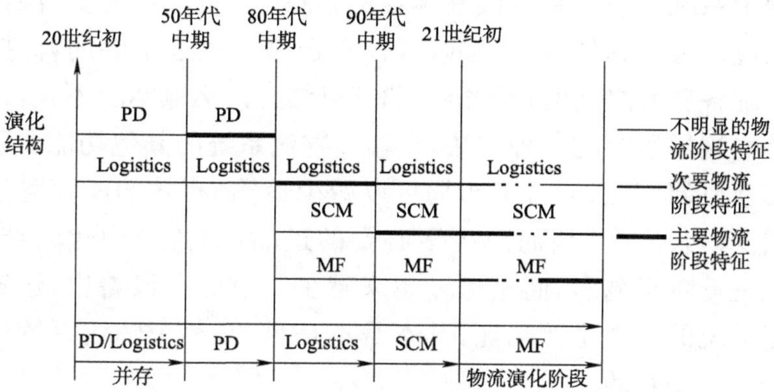

图 3-2 物流理论演化发展规律

注:PD为配送(physical distribution),MF为大物流论(material flaw),SCM为供应链管理(supply chain management)。

(三)中国物流的定义与发展

在研究铁路物流的过程中,如何从概念上理解和认识铁路物流至关重要。实践中,由于对铁路物流认识不同,对铁路物流活动的理解也各异,加之国家和行业对铁路物流尚没有明确的定义,导致人们对铁路物流概念理解上的不一致。其中有些理解并没有反映出铁路物流的本质特征,只是从字面上宏观理解铁路物流是以铁路运输方式为主的一种物流。

在现阶段,完成有形产品的空间位移离不开汽车、火车、飞机、轮船、管道等运输手段,而完成上述有形产品的空间位移应是物流的一项重要功能,但这并不意味着运输就等同于物流。物流按照运输方式的不同,可以分为铁路物流、公路物流、航空物流、水运物流和管道物流。如果把物流看作是一个系统的话,运输只是物流系统的一个构成要素,或者说子系统,构成物流的要素除了运输还有储存、装卸、搬运、包装、流通加工、配送、信息处理等子系统。物流系统最基本目的,就是按照市场需要,保证商品供应。为了达到这一目的,仅仅靠运输是远远不够的,需要物流系统各要素之间的相互协调和有机结合。运输本身不是目的,而是物流过程中的一种方法,运输与物流系统的其他功能要素可以相互协调,节点的合理布局可以减少运输,有效的库存管理可以减少多余库存,从而减少不必要的运输,物流合理化的结果,不是运输越来越多,而是运输越来越少。由此可以看出,运输是物流系统的一个主要功能,其本身不是目的,整个物流系统的高效合理才是目的。

在我国铁路的研究和实际工作中,越来越多的铁路专家和学者在研究铁路物流的发展与相关课题,虽然铁路物流概念已经得到越来越多的运用,但其内涵的丰富性与复杂性并没有被很清晰地阐明。为此,有必要结合我国对物流的相关定义,同时体现铁路的特点,对铁路物流(railway logistics)做一些描述。

铁路物流是指物品从供应地向接收地的实体流动中,依托铁路的点、线集合,发挥铁路基础设施和生产运营两个层面的网络经济特征,将运输、储存、装卸、包装、搬运、流通加工、配送、信息处理等功能有机结合来实现用户要求的过程。

铁路物流是物流的一个分支,是通过对铁路干线或者铁路相关服务开展物流活动的综合性过程。铁路物流是在铁路基础上发展的物流,是以物流为载体,发展铁路业务为目的的一种运作模式,它的作用在于将物流与铁路更好地结合。

铁路物流是物流的一个类别,因此其活动规律也要服从物流活动的普遍规律,但铁路物流又具有自身的行业特点,因此发展铁路物流要对其系统的发展需求、特点、内涵、结构、流程、运营模式等进行相关理论和方法的深入研究,发展铁路物流特色服务。

物流企业不能只为客户提供单纯的储运服务，要尽量提供一体化、全过程服务。目前，我国很多物流企业只能为客户提供简单的运输、仓储服务，在物流企业众多、市场竞争激烈的情况下，很难与客户建立起长期、稳定的合作关系。铁路物流企业要与客户建立长期合作关系，就必须提高自己的服务能力，增加服务功能。不但为客户提供运输、包装、装卸搬运、保管等服务，还要向原材料采购和生产领域延伸，与仓储、通关、商检相连，与商流、资金流、信息流有效结合，把铁路物流纳入到生产、流通与消费的全过程中。

二、铁路物流的主要特性

现代物流理念的实质是以市场为导向，以客户的需要为服务准则，以最优化的资源配置来实现成本最低、效率最高的目标，从而实现物流企业与客户的双赢。因而，铁路物流的特点就是通过资源整合和合理调配以提升其服务水平并降低成本，为铁路占领市场、扩大份额提供支撑。其主要特性可以概括为以下五点。

1. 铁路物流的网络性

网络是点和线连接形成的集合，铁路通过网络协调运作实现产品位移。铁路物流的基础设施网络由实现空间效应的线路和实现时间效应的节点组成，其连接方式以铁路线路为主，拓扑结构比较简单。同时铁路具有集中调度指挥、按图行车、运输进款清算、承担社会公益性等基本特点。我国铁路现处于工业化发展阶段，资源分布与工业布局东西错位的空间格局、众多的人口基数等客观实际要求我国必须有一个发达完善的铁路网，实现主要干线大能力通道、干支结构合理、点线能力配套的综合运输网络。

由于铁路运输生产组织是一项专业性很强的技术，不仅涉及线路、中间站，还有编组站、区段站等不同技术要求的作业单位，货运能力涉及点上装卸车能力、线上运输能力、编组站能力及空车配送能力等，彼此之间能力的配套和充分利用，远比其他行业复杂，各环节的协调和配套会影响整个运输生产组织的效率。由此可见，对铁路运输的网络连通性需要多角度、多层次的分析和研究，而不应简单地认为"有路就能通"。在研究铁路物流的过程中，应将网络连通作为铁路物流一体化的前提，要研究铁路网络每一方面及相关环节的作用和效率，研究铁路物流具有的网络特性。

2. 铁路物流的重载化

重载运输是铁路物流的发展方向。为适应货运市场变化，满足大宗货物运输对铁路的需求，提高铁路运输市场竞争力，各国铁路纷纷开展重载运输。铁路重载化运输是指在先进的铁路技术装备条件下，扩大列车编组，提高列车载重量的运输方式。相较于其他几种运输方式，铁路具有运量大、成本低的特点，通过专用线与大宗货物产地或港口无缝连接，实现大宗货物运输的一体化。重载化是国内外铁路货运的主型产品，也是铁路物流的发展趋势。

大秦铁路是我国第一条双线电气化重载运煤专线，1992 年底全线通车，2004 年起实施持续扩能技术改造，大量开行 1 万 t 和 2 万 t 重载组合列车，全线运量逐年大幅度提高，2008 年运量突破 3.4 亿 t，2010 年运量突破 4 亿 t，2011 年运量达 4.4 亿 t。中国铁路从 2006 年开始停止生产载重 60 t 货车，全面生产时速 120 km、轴重 23 t、载重 70 t 新型货车，新造通用货车实现了由载重 60 t 级向 70 t 级全面升级换代，全国 70 t 级货车保有量超过 9 万辆，在全国各铁路线上运营，大幅提升了运输能力。"时速 120 km、轴重

23 t、载重 70 t、列车牵引编组 5 000～10 000 t”四大技术指标同步集成，适应了中国铁路“客货共线、高效周转、安全第一”的特殊条件和要求，铁路货运量逐年增加，如图 3-3 所示。重载化是国内外铁路货运的主型产品，也是铁路物流的发展趋势之一。

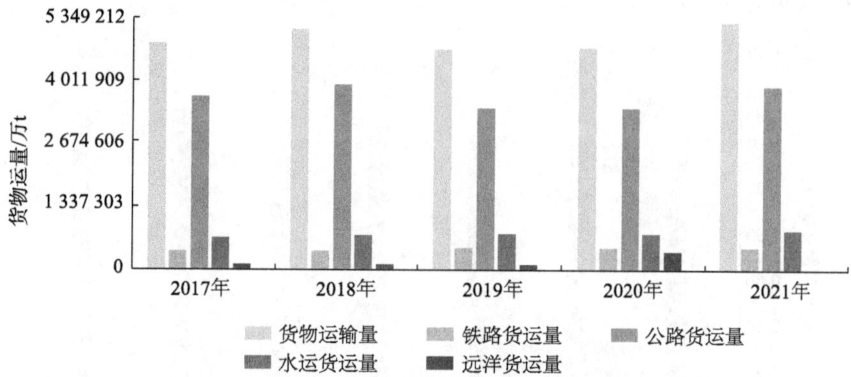

图 3-3　2017—2021 年货物运量

3. 铁路物流的干线性

铁路是我国综合交通运输体系的重要组成部分，在该体系中，干线铁路网是国民经济发展的主动脉，地区铁路网是国民经济发展的支动脉。因此，铁路干线运输能力是铁路物流的主能力，它是铁路物流的重要支撑，承担着铁路运输的重要任务，是铁路运输的基础。充分发挥铁路干线的优势，实现铁路干线的三大特点（运输强度大、里程较长、汇集和辐射范围广），是铁路运输优于其他运输方式的主要特点。

4. 铁路物流的环保性

当今社会提倡发展绿色物流，在诸多交通运输方式中，铁路能耗较低、能源结构合理、机车牵引电气化程度逐渐增加（见图 3-4），是污染较小、占地较少、安全有保障的交通方式，对发展绿色物流具有先天优势。据统计，在各种交通工具的单位能源消耗中，私人小汽车是铁路的 9 倍，飞机是铁路的 6 倍，公共汽车是铁路的 4 倍。1 条铁路相当于 5 条四车道高速公路的运输能力。因此，发展铁路绿色物流是趋势，也是各种运输方式重组格局后，铁路物流凸显优势的根本。

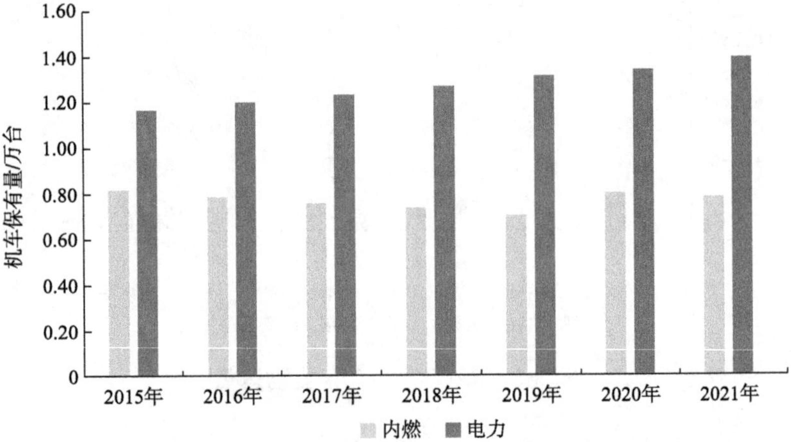

图 3-4　国家铁路机车保有量

5. 铁路物流的快捷、稳定性

铁路物流具有准时、快捷的先天条件。2007 年 4 月 18 日，我国铁路实施了第六次大面积提速后，铁路的运行速度得到了较大提高，快速的路网建设也为铁路的快捷运输创造了条件。2017—2019 年国家铁路运输生产经营主要指标见表 3-2，我国铁路运输质量都较高，这些数据充分说明了铁路物流的快捷性。

除此之外，铁路具有准时、稳定、全天候的特点。铁路物流依托于铁路运输，而铁路运输受天气、季节等自然条件的气候影响相对较小，一年四季可以不分昼夜、定期地、有规律地、准确地连续运转，能保证运行的经常性和稳定性，因此铁路物流也具备这些特征。

表 3-2 2017—2019 年国家铁路运输生产经营主要指标

综合指标	单位	2019 年	2018 年	2017 年	2019 年比 2018 年		2018 年比 2017 年	
					±	±%	±	±%
运输总收入	亿元	8 182.61	7 711.81	6 961.15	470.80	6.1	750.66	10.8
客运总收入	亿元	4 137.24	3 781.26	3 386.56	355.98	9.4	394.70	11.7
客票收入	亿元	3 918.34	3 569.78	3 197.46	348.56	9.8	372.32	11.6
客运其他收入	亿元	218.90	211.48	189.10	7.42	3.5	22.38	11.8
货运总收入	亿元	4 045.37	3 930.55	3 574.59	114.82	2.9	355.96	10.0
货物运费收入	亿元	3 195.37	3 093.25	2 662.23	102.12	3.3	431.01	16.2
货运其他收入	亿元	296.09	293.59	414.31	2.50	0.9	−120.72	−29.1
建设基金	亿元	553.92	543.72	498.04	10.20	1.9	45.68	9.2
单位发送人收入	元	109.49	107.61	105.24	1.88	1.7	2.37	2.3
单位发送吨收入	元	92.91	96.98	91.25	−4.07	−4.2	5.73	6.3
单位万人公里收入	元	2 696.81	2 538.24	2 386.71	158.53	6.2	151.54	6.3
单位万吨公里收入	元	1 183.78	1 199.63	1 105.94	−15.85	−1.3	93.69	8.5
货运总发送量(含行包)	万 t	344 010	319 060	291 874	24 950	7.8	27 186	9.3
货物发送量	万 t	343 905	318 958	291 759	24 947	7.8	27 199	9.3
货物周转量	亿吨公里	26 992.8	25 784.9	24 072.2	1 207.9	4.7	1 712.7	7.1
货物平均运距	km	784.9	808.4	825.1	−23.5	−2.9	−16.7	−2.0

续上表

综合指标	单位	2019 年	2018 年	2017 年	2019 年比 2018 年		2018 年比 2017 年	
					±	±%	±	±%
旅客发送量	万人	357 860	331 740	303 837	26 120	7.9	27 903	9.2
其中:直通旅客	万人	102 488	99 239	93 696	3 249	3.3	5 543	5.9
旅客周转量	亿人公里	14 529.5	14 064.0	13 397.0	465.5	3.3	667.0	5.0
旅客平均行程	km	406.0	423.9	440.9	−17.9	−4.2	−17.0	−3.9
换算周转量	亿吨公里	41 522.4	39 848.9	37 469.2	1 673.5	4.2	2 379.7	6.4
行包发送量	万 t	105	102	115	3	2.9	−13	−11.3
日均装车	车	153 971	142 440	130 794	11 531	8.1	11 646	8.9
日均卸空车	车	160 308	147 409	136 148	12 899	8.8	11 261	8.3
货车静载重	t	61.0	61.3	61.1	−0.3	−0.5	0.2	0.3
全周距	km	1 287	1 328	1 351	−41	−3.1	−23	−1.7
重周距	km	865	888	905	−23	−2.6	−17	−1.9
空率	%	48.7	49.6	49.4	−0.9		0.2	
货车旅速	km/h	42.1	40.7	39.4	1.4	3.4	1.3	3.3
中时	h	4.951	5.015	5.000	−0.064	−1.3	0.015	0.3
停时	h	18.5	18.7	18.3	−0.2	−1.1	0.4	2.2
周时	天	4.48	4.69	4.87	−0.21	−4.5	−0.18	−3.7

三、铁路物流的主要功能

(一)铁路物流的功能

现代铁路物流依托铁路货运发展而来,应具备传统铁路货运作业的基本功能,同时为了满足现代物流发展要求,还应具备相应的物流服务功能。铁路物流功能可以分为基本功能和增值服务功能。

1. 铁路物流的基本功能

(1)货物运输

运输功能是现代铁路物流基本功能之一。为满足客户对运输方式和运输时间的要求,铁路物流应利用既有设施设备(铁路线、列车等)或通过租赁/购买一定规模的运输工具,组织运输作业,在规定的时间内以高品质低价格将商品运达目的地。

(2)货物包装

包装是指在物流过程中,使用适当的材料、物品和技术,以维护商品安全,便于商品运动的技术经济行为,通常分为运输包装和销售包装。铁路物流的包装功能主要是为了提高作业效率、减少装卸和运输过程的货损,主要是对销售包装进行拼配、组合和加固,形成适合于运输和配送作业的组合包装单元。

(3)仓储功能

仓储是物流过程中的中心环节,利用仓储设备对商品进行高效的计划、组织、控制和协调,从而保证商品的使用价值,及时满足市场需求。仓储可以克服物品生产与消费在时间上产生的差异,从而保持物品的使用价值,满足市场的需求。由于铁路具有强大的运输能力,通常情况下经由铁路运输的货物大都具有种类多、批量大的特点,因此,铁路物流中心应当具备强大的储存能力,为到站以及中转货物提供储存服务。另外,铁路物流的储存功能具有多样性,涉及集装箱、散堆装货物的堆放式存储以及仓库存储等多种方式。

(4)流通加工

流通加工是在铁路商品流通过程中为更好地适应销售市场需求变化及末端消费需要、节约运输资源、提高物流运作效率、减少物资损耗而提供的一种重要的配套物流服务功能。

铁路物流应当具备基本的加工功能,其中包括零部件的装配、对商品贴标签以及材料的分割等。为了适应销售市场的需求变化,铁路物流可以与固定的生产制造商或分销商长期合作,为其完成一部分加工作业,如条形码生成、贴标签、分割和剪切材料、组配零部件以及拼装集装箱等作业。

(5)配送功能

铁路物流的配送功能是指根据客户多样化需求,组织运输方式和运输路线,安排货运计划,为客户选择承运人并确定配载方法,在规定时间内将指定的商品运达准确的地点,实现"门到门"服务。配送作业在铁路物流中心的作业流程中具有两个方面的内容:①依据货主托运时的运单,对已经到达目的站的货物进行送货;②依据客户的需求,对于那些需要运输的货物,进行上门取货服务。

一般情况下,对大型企业而言,其货物运输主要依托铁路专用线。利用铁路专用线进行货物的配送,这一点是传统铁路物流配送模式的扩展,是铁路物流中心的优势和特色。在铁路运输两端的运输配送方式有以下三种形式:①利用铁路专用线与其他运输方式相结合的配送模式;②利用大型企业的铁路专用线,直接对其进行配送服务;③利用公路运输或其他运输方式进行除铁路之外的运输,并做到"门到门"的配送服务。

(6)装卸搬运功能

装卸搬运功能是指在同一地域范围内，为改变货物存放状态和空间位置所进行的作业活动。具体来讲，就是对货物进行垂直或水平位置移动，以及改变其支撑方式的作业活动。装卸搬运功能是铁路物流的必备功能之一，由于铁路节点装卸能力限制，点上的装卸搬运时常成为整个物流活动的衔接“瓶颈”。因此为了加快商品在铁路物流的流通速度，提高整体物流运作效率，应该对既有货运站的装卸线进行调整和改造，并配备专业化的装载、卸载、堆放和出入库等装卸搬运机械，合理设计装卸搬运流程，提高作业效率；同时应避免野蛮装卸，减少装卸搬运过程中的货损率。

(7)多式联运功能

多式联运是指经由两种或两种以上的运输方式，将货物运至目的地。多式联运经营人将货物的全程运输分为几个运输区段，每个区段的承运人分别通过一次托运、一份单证、一次计费、一次保险共同完成货物“门到门”的全程运输，最终达到运输成本最小化的目的。铁路物流以铁路运输为主，同时积极发展多式联运功能，主要包括公铁联运和海铁联运等与铁路运输相关的联合运输方式。通过增加多式联运功能可以更好地为客户提供便利，实现物流“一体化”服务，同时也增加了铁路物流的竞争力。

(8)信息处理功能

发展铁路物流时，应当合理利用既有货运站的信息处理系统，结合发展现代物流服务所需要的各种物流信息，构建铁路物流的信息系统，通过采集、传递、分析、发送各种物流信息，为货主提供物流作业明细和咨询信息。目前铁路货运仅能提供对货车的粗略跟踪信息，而对于货物在站点的状态信息客户无法得知，信息在不同部门无法共享。发展铁路物流要增加信息系统的服务功能，应与供应链上下游企业实现信息共享，从而提高铁路物流的作业效率，实现对全程物流活动的系统化和集成化管理。

2. 铁路物流的增值服务功能

物流的增值服务功能主要有以下四种类型。

(1)增加便利性的服务：可以形象地定义为使人变懒的服务，如简化货运受理手续和流程、取消中间环节，需求与调度计划对接的功能集成，完备的操作提示，免培训，24 h电子商务服务，“门到门”，物流过程追踪等服务。

(2)加快流通速度的服务：也是使流通过程变简单的服务，如建立配送中心、物流中心、流通渠道的重新设计等服务。

(3)降低成本的服务：即发掘第三利润源泉的服务，如第三方物流、物流共同化、资源外购、物流管理技术的推广、物流新技术的采用等。

(4)延伸服务：包含向上延伸服务和向下延伸服务，如市场调查与预测、采购及订单处理、生产加工活动；销售活动、配送、物流金融、物流咨询、物流方案的选择与规划、库存控制决策建议、货款回收与结算、教育与培训、文案制作等服务。

根据现代物流的发展理念，铁路物流可以拓展一些增值服务功能，为客户提供更高质量的物流服务，主要包括以下六点。

(1)信息咨询与服务功能。由于铁路物流拥有数量极为庞大的各种物流信息及强大的信息处理能力，因此铁路物流可以利用这些信息，在为客户提供物流服务的同时，也可以为客户提供物流系统设计、物流解决方案设计、供应商选择与评价等相关业务咨询和服务。

(2)物流金融服务功能。物流金融服务是物流服务和金融服务结合的产物。铁路物流发展此项服务功能可以通过仓单质押等形式为企业融资，从而缓解企业资金链压力，提高铁路企业的竞争力，吸引更多的客户企业通过铁路物流处理商品运输与中转。

(3)商品展示功能。随着铁路物流的进一步发展,铁路物流可以利用所了解的商品信息优势,以及集中各种信息的优势,为客户提供商品展示、交易、客户洽谈等服务,拓展铁路物流的物流增值服务。

(4)结算功能。铁路物流的结算功能是对运输服务功能的延伸,当铁路物流中心具有代理、配送等业务时,结算功能则不仅仅局限于物流费用,还可包括代替货主向收货人收取的结算费用。结算功能在代理和配送作业量较大时效果较为显著,设立该项功能可以提高铁路物流的服务质量。

(5)物流服务集成。传统的物流服务运作模式往往是单一功能的,难以满足客户多样化、个性化需求。相比之下,物流服务集成不仅能提供仓储、运输、搬运、装卸、包装、信息处理等基本物流服务,还能提供诸如订单处理、物流方案的选择与规划、贷款回收与结算等增值性服务,以及设计解决方案等。

(6)物流方案设计。铁路物流的方案设计是指铁路物流可以按照客户要求以及客户特定的业务流程,为其设计物流解决方案等,客户只需要面对物流服务集成供应商,由其全面负责组织、管理、协调并提供"一站到位"式的综合服务。

(二)发展铁路物流的必要性

铁路发展现代物流,是由于铁路天然特性决定的,也是交通运输体系网络与联运体系完善的要求,还是国防建设、绿色环保等现实发展的要求。

1. 铁路对现代物流发展的促进

铁路是国家的重要基础设施、国民经济的大动脉和大众化的交通工具,是现代物流的重要支柱产业,在物流建设和发展中有着举足轻重的作用,对物流的支撑作用越来越强。2017—2021 年全国货物周转量完成情况如图 3-5 所示。

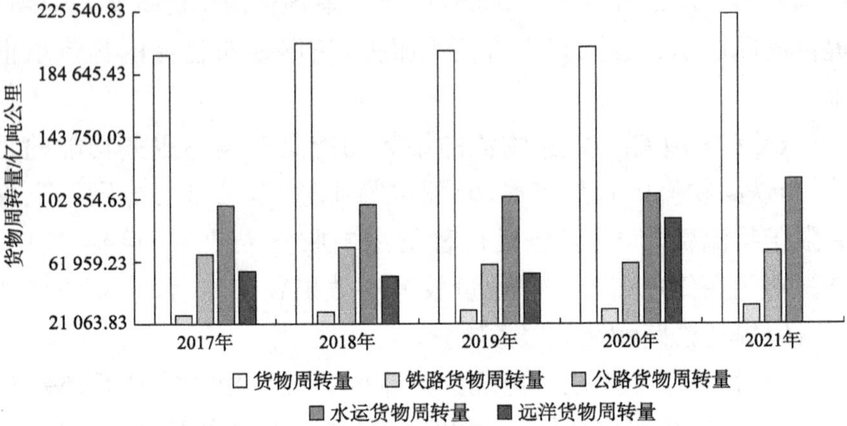

图 3-5　2017—2021 年全国货物周转量

2. 有利于铁路引入市场化经营机制

借鉴各国铁路改革的成功经验，普遍是以市场为导向，对运输企业进行公司化改造，引入市场化经营机制。目前，我国铁路所进行的体制改革就是铁路企业市场化运作的基础性改革。在基础性改革迈出坚实一步后，铁路发展现代物流，可以更好地推动综合物流服务与运输生产的分离，使物流服务率先走向市场。也正是基于此，国铁集团启动了新一轮的货运改革。

3. 有利于增强铁路运输核心竞争力

铁路发展现代物流，有利于细分铁路服务市场，有助于铁路运输企业增强服务意识，提高服务质量，改善铁路企业的市场形象，在铁路运能逐渐释放、供需关系转换的背景下增强企业的核心竞争力，在运输市场赢得优势。特别是随着分销服务、运输服务、仓储、货运代理等服务对外开放以后，国际大物流企业资本、技术、管理优势极其明显，铁路运输业只有紧跟发展潮流，快速提高企业核心竞争力，为自己赢得更广阔的生存和发展空间。

4. 有利于更有效地参与市场竞争

一方面，面对激烈的市场竞争，铁路发展现代物流，提高服务质量，可以更好地为用户提供契约式综合物流服务，有利于吸引更多的用户选择铁路。另一方面，有利于铁路现有的生产企业在发展物流、策划综合物流方案时，首选铁路运输，形成稳定的客户群，有利于扩大物流市场的占有份额，增强市场竞争力。

5. 有利于增强铁路的综合服务能力

发展现代物流，有利于铁路运输企业利用现有优势，将服务向两端扩展，发展一条龙式的物流综合服务，以服务客户为目标，针对不同产品设计集仓储、运输、搬运、装卸、包装、信息处理等基本物流服务为一体的综合物流服务，逐步提高铁路的综合服务能力和盈利能力。

6. 有利于培育新的经济增长点

铁路运输企业发展现代物流，可以通过整合物流资源，为客户提供一体化的解决方案，实现运输服务的增值，其利润空间远大于单纯的运费、仓储收入，成为铁路运输企业提高经济效益的新途径。

(三)铁路发展现代物流业的优势

1. 政策优势

铁路运输是国民经济的大动脉，几十年来国家一直对铁路的发展给予高度的关心和支持，在行业保护性措施、铁路建设融资、技术改造、铁路改革的政策环境等方面都令其他非国有企业望尘莫及。

2. 网络规模优势

现代物流业是一个前期投资很大的行业，需要大量网络运营投资。我国铁路不管从总量和密度都名列世界前茅，铁路网遍及全国。

线路、站点、仓储、场地构成了从事现代物流所需的物流实体网络，同时，铁路建成并投入使用了多套涉及铁路运输、经营管理等方面的信息系统。这些发达的路网通信能力和信息管理系统为铁路搭建了一个基础良好的信息网络平台。网络规模优势确立了铁路物流市场的主导地位，在物流竞争中打出了自己的品牌，占有了一定的市场。

3. 铁路货运场站具备成为物流(配送)中心的位置优势

由物流业自身的特点所决定，物流(配送)中心设置在城市郊区交通便利的地方比较合适。而铁路货运场站大多分布在大中城市郊区，且有强大的铁路运输支持。因此，铁路货运场站这种优势在政府主管部门规划全国物流中心或区域物流中心时，为其成为规划内的物流中心创造了有利条件。

4. 资源优势

铁路庞大的资产优势、技术装备优势、多年营销形成的客户资源优势、某些产品的品牌优势和良好的社会商业信誉优势、多年来积累的管理经验和人才优势等是铁路物流发展的基础。铁路物流发展的首要目标是完成由传统物流企业向现代功能性物流企业的转变，在此基础上，依据规模优势，积极发展优质物流服务，再把两者有机地整合起来，完成由功能性物流企业向具有综合物流的第三方物流发展。

四、铁路物流的发展对策

(一)铁路物流发展趋势及展望

1. 铁路物流发展趋势

在正确积极的发展对策引导下，铁路物流的发展将呈现以下趋势。

(1)集装箱运输将得到大力发展

集装箱运输是一种先进的综合性运输方式,它具有安全、迅速、方便和经济等特点,能将产、供、运、销系统地联成一体,从根本上改变了货物运输的装、运、卸不协调,运输费用高、速度慢、质量差的落后状态,同时也为装卸作业机械化、自动化、标准化创造了必要条件。随着经济增长方式的转变、经济结构的调整、经济总量的扩大,铁路集装箱运输和需求将有更好的发展前景,将成为未来铁路物流的生力军。

(2)铁路联运将进一步加强

联运是国际货运的主要方式。我国加入世界贸易组织后在全球经济一体化中的地位更加突出,要求物流运作模式、物流管理与国际接轨。国际大型生产企业往往通过联运手段构建其反应迅速、运行顺畅的供应链体系,并作为其全球战略的重要内容。因此我国应将铁路系统的发展与水运、空运、支线公路以及其他专业的服务支持作为一个相互连接的整体考虑,实现"门到门"服务,把"门到门""站到站""站到门"运输都作为铁路货物运输的组成部分,实行一条龙服务、一个部门管理、一个窗口受理、一口价收费、一张货票核收、一本账核算、一套系统控制。只有突破铁路封闭式系统运输格局,铁路联运才能发展成为全球供应链支持体系一个不可或缺的重要部分。

(3)物流可视化系统将发挥重要作用

随着全球信息网络化进程的深入,物流供应链管理已建立了通畅快捷的信息平台。依靠此平台,实现供应链的可视化业务管理是未来物流企业发展的重要目标。随着铁路系统信息网络的不断完善、互联网信息共享体系不断形成,铁路物流业务的可视化系统将得到广泛开发和应用,供应链企业可以在供应链网络上实现对产品的实时跟踪。在铁路运输领域,通过安装卫星导航终端设备，卫星导航系统将提供高可靠、高精度的定位、测速、授时服务，促进铁路运输的现代化，实现货物的全程跟踪与管理。可视化技术的应用和系统开发将是铁路运输物流在未来市场竞争中取得优势的一个重要手段。

(4)物流设备的性能将大幅提高

物流设备的性能大幅提高主要体现在以下三方面。一是规模的大型化，为了进一步发展铁路物流的规模优势，铁路货运车辆向重载化发展。二是速度的高速化，铁路将通过提高运输速度，不断缩小与航空运输、公路运输的差距，如法国高速列车在 1990 年创下了时速 513.3 km 的世界纪录，日本 1998 年将试验时速提高到 539 km。我国当前正采取多种技术方案实现铁路的提速战略。三是货运场站装卸搬运设备的机械化、专业化和自动化，提高铁路物流网络在节点的物流能力，减少物流节点装卸搬运能力不足所产生的系统“瓶颈”。

(5)物流专业化水平将进一步提高

全球性的第三方专业物流公司是未来物流发展的主力军。作为物流系统集成商，第三方物流公司通过对客户的集成，管理精细、井然有序的“多点停留配送”，在遍布世界的供应商、销售商之间进行原材料、零部件和产品采购与传递等业务。在我国，物流需求主要是境内三资企业、跨国公司、国内新型大中型企业和国有大型工业企业，他们急切要求通过合同、物流、设施租赁等多种形式获得及时性、准确性较高的物流服务。这些都表明我国开展第三方物流潜力巨大。随着体制改革的深入和管理水平的提高，我国铁路运输物流必将发展成为重要的第三方物流企业集团。

(6)传统调度向智能运输管理的转型

满足客户需求是物流的目标，铁路过去的按计划行车正在逐渐转变为按需求组织行车，“实货制”以电子商务平台为依托，实现货运业务网上办理，最大限度地为货主提供最方便的货运服务，其核心是围绕有运输需求的货物，实行符合市场经济规律和要求的运输组织改革，以提高铁路货运服务质量和市场竞争力。通过这种方式可以减少企业办理运输的时间成本，提高商品流通效率，维护货物运输安全。此外，"实货制"便于收集货物运输信息，了解货物运送的目的地，从而方便了解货物的市场需求情况，掌握货物的供应。"实货制"的实施对运输调度提出了新的更高的要求，促使调度策略和调度决策方法的改变，此外一些新技术的应用也可提高调度的智能化。通过安装卫星导航终端设备，可极大压缩列车间隔时间，降低运输成本，有效提高运输效率，实现传统调度向智能运输管理的转型。

2. 铁路物流发展展望

在可以预见的时间内，铁路物流的发展必将随着市场经济的深化取得更大的发展。

(1)铁路物流的社会责任更加艰巨

随着我国经济的持续快速增长，国内石油需求也稳步增长。铁路物流作为国民经济运行的重要支柱，在油价上涨、国内公路运输成本逐渐增加的情况下，迫切需要铁路物流为社会运输需求提供充足的运力保证，从而保证国民经济的健康发展。

(2)铁路运能将得到进一步释放

根据铁路发展规划，"十四五"期间形成便捷、安全、经济、高效、绿色的铁路运输网络，基本适应经济社会发展需要。高速铁路的建设，将从根本上改变既有线路客、货高密度混跑而致运输能力不能大幅提高的现状，可快速扩充我国铁路物流能力、提升技术装备水平，形成运输便捷、通畅、高效的铁路物流网络。

(3)客户服务水平将大幅提高

铁路物流作为一个综合服务行业，不断提高客户服务水平是其一直追求的目标。目前,我国铁路物流服务还处于一个相对传统的模式,大多处于单纯运输的状态,传统的客户服务方式、服务水平难以满足客户要求。随着铁路高质量发展的不断推进以及铁路“十四五”规划的逐步实施,主要干线实施客货分线,铁路运能将得到大幅释放,届时必定需要相应水平的客户服务方式以满足客户多层次多样化的需求。为了适应提高服务质量的客观要求和发展趋势,铁路系统将建立集中提供营销和售后服务的网络系统,将货运与销售分离,实现铁路物流服务方式的根本转变,为旅客、货主提供更便捷的服务。通过货运中心的服务工作和运输组织方式的改变,可以逐步实现按需运输、实现“门到门”服务、规范透明的“一口价”及货运的高效、协调运转,同时方便社会公众获取铁路客货运信息,改善铁路物流企业与客户的关系,大幅提高铁路客户服务水平。

(二)铁路发展现代物流业的对策

向物流业发展,是一项关系到企业命运的系统工程,要在综合分析各方面因素的基础上,多方面着手。

1. 优化营运模式,对铁路物流结构进行调整。首先要明确铁路货运业向现代物流迈进的发展方向,利用铁路管理体制改革的时机,制定符合国情、路情的发展规划;其次要自觉进行企业规模重组和经营方式的调整,建立现代企业制度,构筑物流运作的制度基础。应对我国铁路物流原有业务结构进行调整,抓住目标客户,积极开发新的服务项目,满足个性化的需要,制定符合铁路物流发展的策略。我国铁路在大宗客户的开发上潜力很大,随着经济的发展,大宗货物、高附加值、长运距、多功能服务的运输产品会越来越多,应抓住有利时机,制定我国铁路物流结构调整的阶段策略,定期对铁路物流结构进行测评,实行过程管理和目标管理的全程监督。

2. 找准切入点，构建物流网络体系。在全国铁路当中，大多数从事物流的企业是铁路局集团公司兴办的多经企业，主要从事与铁路运输相关的现货业务，对物流过程的其他环节如货源组织、加工、存储、配送涉及较少，功能单一，不能形成完整的物流供应链，抵抗风险的能力差。铁路要从生产企业和商业流通企业着手，积极参与企业生产过程和流通过程，并与其建立战略伙伴关系，以实现连续性、长期性的协作。加速与商品集散地、大型货物配送中心、大型超市集团和批发市场的联系协作。向高新区、保税区、自由贸易区挺进，加大对新型高科技产品、高附加值产品的承运、配送力度。以大中型货运站为主，以小型货运站和代办点为辅，全方位、多辐射地开拓综合物流代理市场，构筑与海陆空相联接的立体式"大交通"格局。

3. 加快物流基础设施建设是进行物流运作的基本保证。在硬件方面，要使铁路网与大型商品集散地、大型生产企业、大型批发市场"无缝"连接，以大、中型货运站和集装箱站为基础，建立若干物流中心和配送中心，完善仓储功能，构筑物流运作的物质基础。软件方面，以现有通信设施为基础，建立全国联网的物流服务信息系统，构筑物流运作的信息平台。标准化、信息化是完善综合运输网络发展的基础，高效的物流需要统一的标准和快速、准确的信息交换。铁路物流不仅要制定"统一标准、统一规则、统一运作"的物流标准，还要开发统一的信息平台，注重开发符合国际标准的物流信息链。要积极引导和整合各种信息流，建立统一的物流信息平台，特别注意铁路内部各部门之间的信息共享及物流与各种交通运输方式之间的衔接。将各种物流信息整合到统一的信息平台上，为物流企业的发展创造最佳的软硬环境。

4. 积极开展对外合作。铁路货运业向物流业转化，目前最现实的困难是资金短缺。对外合作可以从两个方面考虑：一是与路外的单位合作，这主要以吸引资金为目的；二是通过引进外资，建立中外合资物流企业，这样在解决资金问题的同时，可以更快地掌握国际现代物流的经营思想、管理技术和运作方式。所以，积极开展对外合作是解决资金问题、掌握物流技术和管理技巧的捷径。

5. 整合铁路物流资源。物流重组涉及主体过多，牵涉集团利益面广，资源整合难度大。如果在核心企业优势互补、业务合作、战略联盟的前提下，以市场为导向，建立中国铁路物流企业联盟将更具可操作性。在这一企业联盟中，以综合型第三方物流企业为核心，联合运输、货运代理、快运、仓储等铁路系统的大型物流企业，共同开展一体化物流服务，有效整合铁路资源，延伸服务范围，从而可以迅速造就一个竞争力强大、生命力活跃的品牌。

6. 加强多式联运能力。传统以“站到站”为主的铁路运输服务方式必然要向快捷、便利的“门到门”服务转变，铁路物流企业应主动与公路、海运、空运等行业企业进行合作，加快推进立体化货物运输网的建立，注重与港口、机场的衔接，加快推进联运标准的制定。做到标准统一、接口顺畅，为实现一体化物流服务提供有力保障。

7. 建立与完善法律、政策支持系统。铁路货运向综合物流代理模式发展，是一个循序渐进的过程，物流业的发展需要物流各系统、各环节的相互协调和合作，避免条块分割的现象。因此，要加快物流业的发展，国家应当建立和完善相应的法律与政策，作为铁路物流改革的有力支撑和有效保障，需要整理和规范现有与物流活动相关的各种法规、标准等，本着精简实用，有利于物流发展的原则，建立统一的物流法规。

8. 加快铁路物流人才培养。铁路物流由传统物流向现代物流转型过程中需要大批精通现代物流运作的专业人才。应做好铁路运输对物流业人才的需求规划，开展各种形式的物流专业教育，引进国际先进的物流培训体系，加强物流人才的短期培训，积极与有物流研究实力的科研院所、物流培训机构、国家物流行政管理部门加强联系，在第一时间把最新的物流信息和技术引入铁路物流管理实践中，进而加速我国铁路向现代物流的转型。

总之，运输业向物流业发展，对铁路系统甚至在我国都是一个全新的课题。铁路货运向综合物流发展是一个循序渐进的过程，需要用全新的理念，大力拓展铁路物流业务，切实提高服务质量和水平，不断缩小与国际一流物流企业的差距，打造出具有国际竞争力的中国特色的物流企业，以积极姿态实现铁路向现代物流的转型。

第二节　铁路货运技术装备

一、铁路基础设施

铁路基础设施主要包括线路、车站和通信信号设备等。

1. 铁路线路

铁路线路是列车运行的基础设施，是由轨道、路基和桥隧等建筑物组成的一个整体的工程结构。

(1)轨道。轨道又称为线路上部建筑，由道床、钢轨、道岔、联结零件和防爬器等组成。道床是铺设在路基面上的道砟层，在道床上铺设轨枕，在轨枕上架设钢轨。相邻两节钢轨的端部以及钢轨和轨枕之间用联结零件互相扣连。在一条线路和另一条线路的连接处铺设道岔予以连接，在钢轨和轨枕上安装设置必要的防爬器。由这些部分组成的整体就是轨道。轨道直接承受机车车辆的重力和冲击力，并将载荷传给路基。轨道的强度和稳定性直接关系到其能承载的列车重量，例如，可以开行重载列车的钢轨至少要求在 60 kg/m 以上。

(2)路基。路基和桥隧建筑都是轨道的基础。它们承受轨道传来的机车车辆及其负荷的压力。路基按横断面形式可分为两种:一是路堤,经填筑而成的路基;二是路堑,经开挖而成的路基。路基必须坚实而稳固才能承受沉重的压力,而破坏路基坚实稳固的主要原因往往是水的危害。为了排泄地面水和拦截地下水,路基要设置排水沟、截水沟或渗沟、渗管等排水设备。为了防止路基本身和路堑坡顶土壤的坍塌,路基的边坡都应有一定的坡度,为防止路基边坡坍塌,必要时还应进行防护和加固。

(3)桥隧。当铁路线通过江河、溪沟、谷地和山岭等天然障碍或跨过公路其他铁路线时,需要修建各种桥隧建筑物。桥隧建筑物包括桥梁、涵洞、隧道等。为了提高线路的输送能力和行车的稳定性,除了需要对线路进行经常养护维修,防止和整治线路的各种病害外,许多国家的铁路部门特别重视轨道结构的更新改造。其主要措施是:采用重型钢轨、铺设新型高速道岔和无缝线路,采用新型轨下基础,如预应力混凝土轨枕、宽轨枕、弹性扣件和弹簧垫板等。许多国家的铁路还采用全长淬火钢轨,大大提高了钢轨的耐磨性能和使用寿命。

2. 铁路车站

车站是铁路运输生产的基地,是办理旅客和货物运输业务、编组和解体列车的基地,是组织列车始发、到达、交会、越行和通过等作业的铁路基层单位。车辆的技术检查、货运检查、机车换挂、乘务组换班、机车和客车上水等作业一般也在车站内完成。因此,车站对外直接与铁路的服务对象(旅客和收发货人)发生关系,对内是铁路机车、车辆、线路、通信信号等各部门运营业务的结合点。车站的技术装备水平和工作组织水平对整个铁路的运输效率影响极大。车站按业务性质划分,可分为客运站、货运站和客货运站;

按技术作业划分，又可分为中间站(包括会让站、越行站)、区段站和编组站。各种不同的车站承担着不同的任务，并拥有与之相适应的技术装备。

(1)客运站。客运站是指专门或主要办理客运业务的车站，主要办理售票、行李包裹运送、旅客上下车等客运业务，以及旅客列车始发、终到、技术检查等行车工作和客车整备等作业。其主要装备有站房、站台、到发线等。大的客运站还设有天桥和地道。办理大量始发、终到旅客列车的客运站还设置供客车检修、清洗等作业用的客车整备场。

(2)货运站。货运站是指专门或主要办理货运业务的车站，主要办理货物承运、交付、装卸以及货物列车到发、车辆取送等作业。其主要装备有货物列车到发线、编组线、牵出线和货物线等。

(3)客货运站。客货运站是指既办理客运业务，又办理货运业务的车站，一般视其业务量大小和技术作业的范围，配置相应的装备。铁路上的车站绝大多数都是客货运站。

3. 通信信号设备

通信信号设备的主要作用是保证列车运行安全和提高铁路的通过能力，它包括信号、闭塞设备和联锁设备。

(1)信号。信号是对列车运行和调车工作的命令，以保证安全和提高作业效率。铁路信号按其表现形式可分为视觉信号和听觉信号两类，我国规定用红色、黄色和绿色作为视觉信号的基本颜色；按设备形式可以分为固定信号、移动信号和手信号三类。

(2)闭塞设备。闭塞设备是用来保证列车在区间内运行安全的区间信号设备。

(3)联锁设备。联锁设备的主要作用是保证站内列车运行和调车作业的安全以及提高车站的通过能力。

二、铁路运输装备

(一)铁路机车

机车是牵引或推送车辆运行,本身不装载营业载荷的车辆,俗称火车头。机车是铁路运输的基本动力和重要工具。目前,我国采用的货物列车牵引机车主要有内燃机车和电力机车。蒸汽机车已于1988年停产,2005年12月9日,在内蒙古大板镇附近的铁路线上,最后一列蒸汽机车执行完任务,见证了蒸汽机车退出历史舞台。

1. 内燃机车。内燃机车是以内燃机为动力的机车。与蒸汽机车相比,内燃机车的热效率较高,不需要频繁加燃料,整备时间短,持续工作时间长,可在一定程度上减少对环境的污染。

2. 电力机车。电力机车依靠从沿线接触网上接收的电源,通过牵引电动机驱动车轮,将电能转变为机械能,使机车运行。因为电力机车所需电能由电气化铁路供电系统的接触网或第三轨供给,所以是一种非自带能源的机车。其特点是功率大、效率高、具有较大的过载能力、运营费用低、环境污染小;它的不足之处是对通信干扰大、修建电气化铁路一次投资费用较高。

(二)铁路车辆

车辆是铁路运输的基本载运工具。车辆一般不具备动力装置,需要连挂在车列后,由机车牵引运行,通常由车体、走行部、车钩缓冲装置、制动装置和车辆装备五个部分组成。按照用途来分,铁路车辆可分为客车和货车两大类。

1. 铁路货车概述

铁路货车是运载货物、完成铁路货物运输任务的运载工具,是铁路运输的重要设备。在铁路上必须经常保持数量足够和质量良好的车辆，才能满足我国国民经济高速发展的需要。

铁路货物运输所涉及的货物种类繁多，其性质不同，在运送中的要求也不一样。为了适应货物运输的需要，装运货物的车辆分为不同的类型。按用途不同，货车可分为通用货车、专用货车和特种货车；按载重量不同，货车可分为 60 t、70 t、80 t、90 t 等多种。

2. 铁路货车车辆标记

(1)路徽：铁路企业的标志，涂画在机车车辆上时表示其产权所属。各国铁路不论其为国有企业还是私营企业，都有自己的路徽。拥有机车车辆的非铁路企业也各有自己的标记。中华人民共和国铁路路徽上部是人字，表示人民，下面是钢轨截面图形，代表铁路。整个图形具有机车的形象，又表达了人民铁路的含义。中国用于国际联运的客车在车体两侧中部挂国徽。

(2)车号：识别车辆的最基本的标记。货车的车号由其基本型号、辅助型号和车号编码三部分组成。基本型号代表车辆种类，用一个、两个或三个大写拼音字母表示。部分铁路货车车辆基本型号见表 3-3。

表 3-3　部分铁路货车车辆基本型号

车　　种		基本型号	车　　种		基本型号
通用车	棚车	P	专用车	家畜车	J
	敞车	C		罐车	G
	平车	N		水泥车	U
专用车	砂石车	A		长大货物车	D
	煤车	M		毒品车	W
	矿石车	K		粮食车	L
	冷藏车	B		特种车	T
	集装箱车	X			

近年来,随着运输市场需求的不断变化,为适应货主的运输需求,我国自行设计、制造了不少新型车辆。为了提高运用效率,世界各国铁路车辆都向大型化方向发展。基本的做法大致可分为两种:一种是保持原有轴数不变,通过提高轴重来加大车辆的载重,如美国铁路在近 20 年,其四轴敞车载重从 50～60 t 增加到 95 t 左右,大力发展大吨位车辆和双层集装箱车;另一种是通过增加轴数的方法提高车辆的载重量,如制造载重 125 t 的八轴敞车、载重 120 t 的八轴罐车和六轴敞车等。此外,在车体材料上采用各种高强度耐腐蚀的钢和铝合金等新型材料,以减轻车辆自重。为了最大限度地适应铁路所运货物的种类和性质,一些国家还研制了各种专用车,如用于运输托盘货物的全侧门棚车,使货物免受雨雪浸湿的机械敞篷平车,用于运输冶金产品的活顶车以及为开展驮背运输、运送小轿车用的特种平车等。

3. 铁路通用货车

铁路通用货车是为了适应日常的货物运输需求、满足大部分货物装载和运输的车辆。随着铁路运输行业的不断发展,其种类和功能已基本定型,通用货车有棚车、敞车和平车。

(1)棚车

棚车是有顶棚、侧墙、端墙、地板和车窗的铁路货车,如图 3-6 所示。棚车可防止雨水浸入车内,主要用于装运贵重器材及怕日晒、怕潮湿的货物,如各种粮谷、日用工业品及贵重仪器设备等。有的棚车可在车内安装火炉、烟囱、床板等,必要时可以运送人员和牲畜。

(2)敞车

敞车是指具有端墙、侧墙、地板而无车顶的货车,如图 3-7 所示,主要供运送煤炭、矿石、矿建物资、木材、钢材等大宗货物用,也可用来运送重量不大的机械设备。若在所装运的货物上蒙盖防水帆布或其他遮篷物后,可代替棚车承运怕雨淋的货物。

图 3-6　棚车

图 3-7　敞车

敞车按卸货方式不同可分为两类：一类是适合于人工或卸车机作业的通用敞车，其特点是端墙高在 0.8 m 以上，车体两侧开有侧门，有的还设置底开门，以便煤炭或砂石等散粒货物自流卸出；另一类是只适用于大型工矿企业、站场、码头之间成列固定编组运输，用翻车机卸货的专用敞车，对装卸地点固定的散装货物，还可采用漏斗车或自翻车。

(3)平车

大部分平车车体为一平板，如图 3-8 所示，主要用于运送钢材、木材、汽车、机械设备等体积或重量较大的货物，也可借助集装箱装运其他货物。有的平车装有活动墙板，这种平车也可用来装运矿石、沙土、石砟等散粒货物。我国自行设计和制造了多种平车，从结构上来分，主要有平板式和带活动墙板式两种，车型主要有 N_{16} 和 N_{17} 等 60 t 级平车和 NX_{70}、NX_{70H}、NX_{70A} 等 70 t 级平车。1998 年制造的 NX_{17A} 型平车-集装箱两用平车，既保留了原 NX 型平车的基本结构，又能适应运输集装箱的市场需求，提高了车辆适应性和利用率。

图 3-8　平车

4. 铁路专用货车

(1)罐车

罐车车体为一圆筒形，如图 3-9 所示，是主要用于装载各种液体、液化气体和粉末状货物的专用车辆。罐车按用途可分为轻油类罐车、黏油类罐车、酸碱类罐车、液化气体类和粉状货物罐车。按结构特点可分为有空气包、无空气包罐车,有底架、无底架罐车,上卸式和下卸式罐车等。在罐车的气包或罐顶设有呼吸式安全阀,当外界温度变化使罐车内压力超过一定数值时,安全阀能自行打开,将罐体内气体放出;罐内压力低于一定数值时,通过安全阀可向罐内补气,以减小液体对罐体的冲击作用。因罐体具有较大的强度和刚度,能够承担作用在罐体上的纵向力,因此新型罐车不设底架。黏油类罐车均采用下卸式排油装置,罐内液体直接从排油阀卸出。对于上卸式罐车罐体的底部中央需设有排油管、进风管等装置,设置进风管是为了通入压缩空气保持压力平衡,以加速上卸排油。

图 3-9 罐车

(2)长大货物车

长大货物车主要用于装运体积庞大而又笨重的货物,或体积虽小但质量很大的货物(如大型机床、发电机定子、汽轮机转子、大型变压器等设备)。长大货物车按其结构形式可分为长大平车、凹底平车(或称元宝车)(图 3-10)、落下孔车和钳夹车等。由于这些车的载重及自重大,为适应线路允许的轴重要求,其车轴数较多。

图 3-10　120 t 凹底平车

(3)冷藏车

冷藏车的车体外形与棚车相似,如图 3-11 所示,但车体外表涂成银灰色,以利用阳光的反射,减少太阳辐射热的侵入。冷藏车主要用于运送鱼、肉、水果、蔬菜等易腐货物。这类货物在运送过程中需要保持一定的温度、湿度和通风条件,因此冷藏车的车体装有隔热材料,车内设有冷却装置、加温装置、测温装置和通风装置等,具有制冷、保温和加温三种性能。

图 3-11　冷藏车

(4)其他专用货车

①集装箱车

集装箱车只具有车底架,如图 3-12 所示,但比平车车底架强度大,是用于运载集装箱的专用车辆。

随着我国国民经济的快速发展和进出口贸易货物运量的大幅增长,适箱货物运量急剧增长。同时,货主也在安全、快捷、方便、经济等方面对铁路运输提出了更高要求,原有传统的货物运输组织方式和服务方式,已不能满足市场需求。因此,集装箱车作为适应现代货物运输发展的一种车型担负着重要的货物运输任务。从世界范围看,集装箱车大致经历了普通集装箱车、关节式集装箱车、公铁两用车、驮背运输车、双层集装箱车的发展过程。

图 3-12 集装箱车

②矿石车

矿石车一般为全钢车体,如图 3-13 所示,专供运送各种矿石。为卸货方便,有的车体下部做成漏斗形,设底开门;有的整个车体能借液压或空气压力的作用向一侧倾斜,并可开此边侧门(故又称为自翻车)。

图 3-13 矿石车

③毒品车

毒品车为全钢结构，如图 3-14 所示，具有顶棚，顶棚上装有隔热顶板，外墙黄色，有黑色骷髅标记，隔热顶板涂以银灰色，主要用于装运农药等有毒物品。

图 3-14 毒品车

④水泥车

水泥车为密封车体，供装运散装水泥用。

⑤粮食车

粮食车是专供运送散装粮食的货车。

⑥汽车专用车

JSQ 型双层运输汽车专用车主要用于国产及进口各种微型、小型汽车的铁路运输。

⑦活顶棚车

活顶棚车为活动车顶结构，由车体、制动装置、车钩缓冲装置和转向架等部件组成。车体由底架、侧墙、端墙、车门、活动车顶、活顶开闭机构等组成。该车可装运各种免受日晒、雨雪侵袭的箱装或袋装货物，特别适用于需要通过吊车装卸的货物。

三、铁路货运场站

铁路货运场站是车站办理货运作业的基本场所（以下简称货场），是车站的一个生产车间，也是铁路与其他运输工具相衔接的场所。货场是铁路货物运输生产过程起始和终止的地点，是货物运输不可缺少的作业场地。铁路货场又是铁路与托运人、收货人直接办理运输业务的窗口，是铁路与其他运输方式进行换装转运和办理联运业务的地方。

（一）货场的作用及分类

1. 货场的作用

(1)代表铁路与发、收货人及其他运输部门签订、执行运输合同，并负责运杂费的核收以及履行合同所产生费用的清算。

(2)开展铁路货物运输有关技术业务方面的咨询服务，比如运输包装的改进，危险货物、超长和笨重货物运输条件和装运方案的选择。通过技术业务咨询服务既可提高货物运输质量，又为物资部门提供了有益的运输指导。

(3)负责货物的受理、承运和装车等发送作业。货物发送作业是运输的第一个生产环节,其作业质量既直接影响货物运输的安全,又关系到货物运输的效率。

(4)担负货物运输途中的换装、整理作业。特别是在港口站、国境联轨站、不同运输方式的换装站,这些作业往往是这类车站货场的主要作业。

(5)负责货物的到达、卸车和交付作业。保证货物及时卸车和交付,在大城市货运站的作业中占有首要地位。

(6)负责货物装运前和到达后在货场内的安全保管,所以,铁路货场应有一定数量的仓储和防护设备。

(7)开办货物运输的延伸服务。为了方便托运人、收货人和保证货物运输安全,提高运输效率,货场可围绕货物运输开展不同形式的多种服务,如驻在受理、接取送达、代办托运、包装集装等。

2. 货场的分类

为了便于铁路货场的选点、布局和管理,可对铁路货场作如下分类。

(1)按办理的货物运输种类及货运业务范围分

1)综合性货场

综合性货场指办理整车、零散、集装箱运输和货车洗刷等两种以上作业的货场。综合性货场是数量最大的一种货场。

综合性货场根据年办理货运量分为大、中、小型货场:

①大型货场,年货运量在100万t以上;

②中型货场,年货运量在30万t以上不满100万t;

③小型货场,年货运量不足30万t。

2)专业性货场

专业性货场指专门办理单项运输种类或单一货物品类的货场,如整车货场、零散货场、集装箱货场、危险品货场、粗杂品货场等。专业性货场的设置应根据货物性质、业务繁简程度及设备条件等实际情况确定。

(2)按办理货运作业的种类分

①整车货场:仅办理整车货物作业的货场。

②零散货场:仅办理零散货物作业的货场。

③集装箱货场:仅办理集装箱货物作业的货场。

④整车、零散与集装箱混合货场:既办理整车作业,又办理零散和集装箱货物作业的货场。

(二)货场设备

在货运营业站上直接用于货物装卸、运送、保管作业以及其他为办理货运业务服务的设备,称为货场设备,它是负责运输的物质基础。

1. 基本设备

基本设备是货场保证货物作业的基础保障设施,是完成大部分货物作业都需要运用的设备,列举如下。

(1)货场用地。

(2)线路,系指装卸货物用的线路,或指明为货物服务的线路,如货场内的装卸线、调车线、牵出线、留置线、货车洗刷线、轨道衡线、换装线、危险品货车停留线等。

(3)货物仓库及雨棚。

(4)各种货物站台、低货位、高架线,各种滑坡仓、漏斗仓。

(5)货场照明设备。

(6)直接为货运职工和货主服务的房舍,如货运营业室、货运员办公室、门卫室、工人值班室、休息室、工具室等。

(7)货场堆货场、道路、道口、货场围墙。

(8)水管路及排水设备。

(9)消防及保安设备,如避雷、报警设备等。

(10)电力及通信、信号设备。

(11)通风采暖设备。

(12)货场内港池、码头。

(13)货场清扫设备。

2. 货场用具及检斤设备

(1)货场用具,包括装卸作业和保管货物所需的各种用具,如跳板、防湿枕木、防湿篷布等。

(2)检斤设备,包括磅秤、汽车衡(地磅)、轨道衡、电子秤等。

3. 特种用途设备

(1)货车洗刷、消毒、污水处理设备。

(2)危险货物专用设备。

(3)军用装卸设备。

(4)罐车装卸设备。

(5)量载设备。

(6)篷布及维修设备。

此外,货场设备还包括集装箱及其他集装用具、各种装卸机械以及用于维修、制造、鉴定货运用具的有关设备。

(三)货场场库设备

货物在运送过程中往往需要在车站货场作短时期的保管,铁路对于货物负有安全保管责任。因为对于发送货物,一般不可能在承运的同时就进行装车,而到达的货物,一般也不可能在卸车的同时就进行交付。为保证货物的完好,车站货场必须有相应的场库设备。场库设备的作用,不仅在于储存和保管货物,而且还要按到站和去向集结货物,组织配装和组织直达运输。可见场库设备在完成货物运输过程中起着重要的作用。

货物场库可以从所保管的货物类别和建筑特征等方面进行分类。按所保管的货物类别可分为普通货物场库及煤场、矿石堆场、油库、冷藏库、危险品仓库等；按建筑特征可分为堆货场、货物站台、雨棚和仓库等。

1. 堆货场

堆货场是主要用来装卸和短期存放不怕湿的散堆装货物、粗杂品、集装箱和阔大货物的场地。堆货场可以修建成平货位或低货位两种基本类型。

(1)平货位堆货场

平货位堆货场是指地面与装卸线相平的堆货场，即一般常见的堆货场，如图 3-15 所示。为了使货物不受污损以及便于装卸和搬运机械作业，地面应以块石、沥青或混凝土铺砌。为了便于排水，场地地面应有 2%～4%的单面或双面横向斜坡。

图 3-15　平货位堆货场

平货位堆货场按存放货物种类可分为集装箱、长大笨重货物和散堆装货物堆货场。其宽度和场地布置应根据货运量、货物种类、装卸机械类型、货位布置形式、货位排数及货位宽度等来确定。

(2)低货位堆货场

货物堆放场的地面低于线路路肩 1.5 m 以上的称为低货位堆货场,通常称为低货位。低货位堆货场适用于散堆装货物的卸车作业。使用低货位卸车,可以减轻劳动强度,提高卸车效率,增大货位容量。使用低货位卸车应是到达量大的单位,在货场必须实行统一收货才能发挥低货位的优越性。低货位的深度应该根据货物种类、运量大小、卸车次数、出货能力、货位周转及地形地貌等因素确定。

①低货位堆货场的形式

低货位堆货场可分为斜坡式和直壁式两种。

斜坡式低货位比直壁式低货位投资省,但容量小,占地多。为了保证货物能顺利地滑到路基坡脚下,斜坡式低货位路基边坡应大于货物内摩擦角,边坡比一般为 1∶1,亦可结合地形修建,如图 3-16 所示。在货运量不大或利用既有装卸线的路基修建时可以采用。

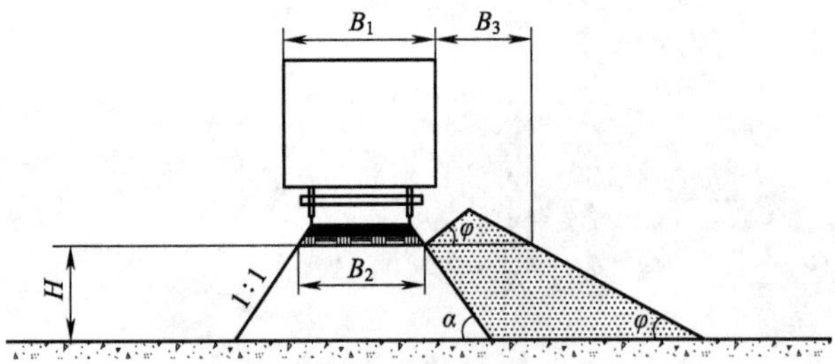

图 3-16　斜坡式低货位示意

B_1—车辆宽度;B_2—路基宽度;B_3—货物卸下后在路基面水平线上最外边至车辆边缘的距离;α—路基边坡倾斜角;φ—货物的内摩擦角;H—货位深度

直壁式低货位也称高架线，是指线路边坡垂直于地面，如栈桥，大多采用钢筋混凝土结构，投资较高，容量大，占地少，多用于底开门车、矿石车等自动开车门的专用车辆的卸车，如图 3-17 所示。

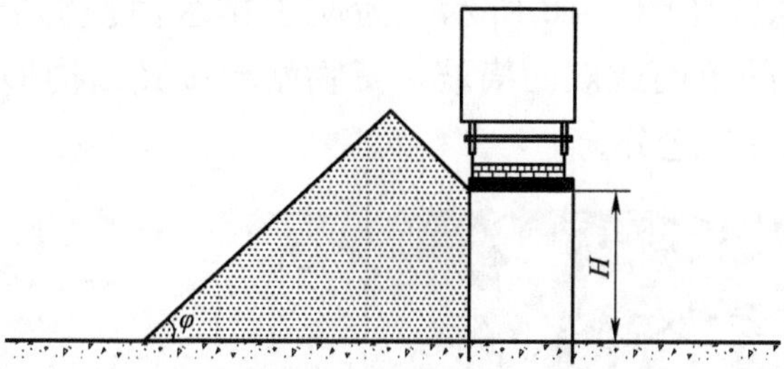

图 3-17　直壁式低货位示意

H—货位深度；φ—货物的内摩擦角

②低货位的深度

低货位的深度是指线路路肩至场地地面间的距离。它与到达货物的运量、货物种类、每天卸车次数及货位周转时间等因素有关。在货场内的低货位不宜过深，一般可采用 1.5～2.5 m。

③低货位的长度

低货位的长度应根据货运量、货位深度及一次作业车数来确定，一般不小于平均一次送车的车组长度，也可按半列或一列车长度设置。

④路基宽度及斜坡式低货位路基边坡

为了使卸下的货物不致留存在路肩上而影响行车和增加清道作业，路基宽度最好不要大于车辆的宽度，也不能过窄。斜坡式低货位一般采用 3.0～3.2 m，直壁式低货位可采用 2.7 m。

此外，在地形条件特殊的情况下，还可以将铁路卸车的低货位与汽车装车的高站台综合布置在一起。对铁路车辆卸车而言是低货位，对其他搬运工具而言是货物高站台。

2. 货物站台

货物站台是指为了便于装卸车作业而修建的高于轨顶 1.0 m 以上的平台建筑物，主要用来存放不怕风、雨、雪及阳光等自然条件影响的货物，如图 3-18 所示。为便于排水，货物站台采用坡度为 2%～3%的单面或双面横坡。货物站台按其结构形式有普通货物站台和高站台之分。

图 3-18　货物站台

(1)普通货物站台

普通货物站台是指站台面高出轨面高度 1.0～1.1 m 的站台，即与普通货车地板高度基本相同。靠场地一侧应适应汽车地板高度，根据具体情况高出地面 1.1～1.3 m。为便于装卸机械上下站台，其两端一般设置为 1∶12 的斜坡。普通货物站台的宽度可根据货物品类、作业量、作业方法、装卸搬运机械设备等因素确定。

普通货物站台按其与装卸线的配置形式又可分为侧式、端式、混合式三种。

①侧式站台

侧式站台与装卸线平行，如图 3-19 所示。

图 3-19　侧式站台示意

侧式站台是最常见的站台，用来存放不怕风、雨、雪及阳光等自然条件影响的成件包装货物，并且用人力、手推车和叉车等进行装卸作业的货物。侧式站台的宽度应根据货位的布置形式、货位排数、仓库宽度、装卸作业过程和装卸机械类型确定。

②端式站台

端式站台设置在装卸线的尽端，是与装卸线垂直的普通货物站台，如图 3-20 所示。端式站台用来装卸能自行移动的带轮的货物（如坦克、汽车、拖拉机等）。

图 3-20　端式站台示意

③混合式站台

侧式站台与端式站台合并布置，分为 L 形（图 3-21(a)）和凹形（图 3-21(b)）两种形式。

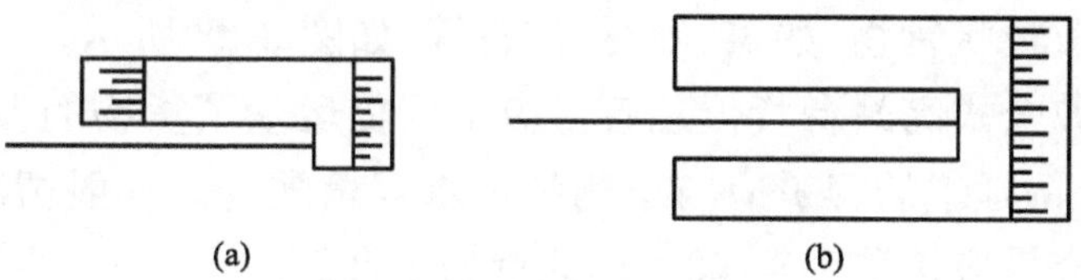

图 3-21　混合式站台示意

混合式站台兼有侧式站台和端式站台二者的功能。这种布置能充分发挥站台设备的使用效率，减少投资。

(2)高站台

凡高于货车地板高度的站台（即站台面距装卸线轨面高度大于 1.1 m 的）称为高站台。它有利于散堆装货物及不易破碎的小型货物装入敞车的作业,可以节省人力,并加速货物的装车作业。但由于高站台设备投资大、使用范围不广,采用时应充分考虑地形、货物种类及货运量等条件,以免造成浪费。高站台一般分为平顶式高站台、滑坡仓式高站台和跨线漏斗式高站台三种。

①平顶式高站台

平顶式高站台结构与普通货物站台相似,只是站台较高,一般在 1.8～3.3 m,适用于煤炭、砂石、矿石、小型原木等货物装车。

平顶式高站台的宽度应根据堆货量、货物品类、搬运工具所需道路宽度、装卸机械作业宽度等因素确定。平顶式高站台一侧布置装卸线时其宽度一般为 12～18 m,两侧布置装卸线时其宽度一般为 19～28 m。平顶式高站台的长度除应满足堆货量的需要外,亦应满足取送车组长度的要求。平顶式高站台的高度主要根据敞车的类型来确定。我国目前的主型敞车为 60 t 敞车,其高度宜采用 3.3 m。

②滑坡仓式高站台

滑坡仓式高站台是利用货物自重滑溜装车的设备,适用于敞车装载散粒状货物,如煤、砂石、矿石等,如图 3-22 所示。

滑坡仓式高站台货位总容量应根据货运量及货物的保管期限来确定,每延米的容量应与车辆延长米容量配合。一般情况下,每车位的容量应按装一辆 60 t 车的货物设计。

滑坡仓式高站台从轨顶至滑溜口的高度(H)由下列四部分组成。

a. 轨顶至车地板的高度 h_1,这部分高度根据车辆类型而定,在设计时一般按 60 t 敞车考虑,即 h_1=1 270 mm。

b. 货物装载高度 h_2,货物溜入货车后不加整理所形成峰顶高度。设计时所取的装载高度不宜低于车辆侧板的高度,一般可按敞车侧板高度 2 000 mm 考虑。

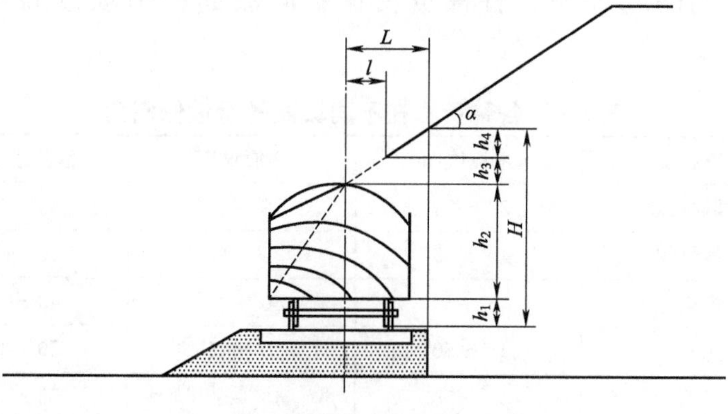

图 3-22　滑坡仓式高站台示意

L—滑溜口至轨道中心线距离；l—滑溜板末端至轨道中心线距离；α—滑溜板倾斜角；
H—轨顶至滑溜口高度；h_1—轨顶至车地板高度；h_2—货物装载高度；
h_3—滑溜板末端至货物装载最高点垂直距离；h_4—滑溜板垂直高度

c. 滑溜板末端至货物装载最高点的垂直距离 h_3，按滑溜板末端距轨道中心线的水平距离和滑溜板倾斜角而定。计算公式为

$$h_3 = l\tan\alpha \tag{3-1}$$

式中　l——滑溜板末端至轨道中心线的距离，一般采用 300～400 mm；

α——滑溜板倾斜角。

d. 滑溜板所占的垂直高度 h_4。计算公式为

$$h_4 = (L-l)\tan\alpha \tag{3-2}$$

式中　L——滑溜口至轨道中心线的距离。

滑坡仓式高站台的总高度为

$$H = h_1 + h_2 + h_3 + h_4 \tag{3-3}$$

滑溜板倾斜角的大小是决定货物滑溜速度的主要因素。倾斜角过大，会增加闸门所受的压力并会减少仓库容量；倾斜角太小，货物不宜溜下。一般情况下，滑坡倾斜角应大于货物

与坡面间的摩擦角。各种货物在不同坡面的滑坡倾斜角取值见表 3-4。

表 3-4　各种货物在不同坡面的滑坡倾斜角

货物种类	木板坡面	金属坡面	混凝土坡面
无烟煤硬块	28°～32°	18°～25°	30°～35°
普通烟煤	40°～45°	35°～40°	40°～45°
煤末	45°～50°	40°～45°	40°～50°
焦炭	45°～50°	40°～45°	50°～55°
矿石	50°～55°	45°～50°	55°～60°
砾石	40°～45°	35°～40°	40°～45°

③跨线漏斗式高站台

跨线漏斗式高站台是一种高效率的装车设备，适用于敞车装载散粒状货物，多设在铁路专用线及专用铁路上。

3. 雨棚

雨棚也称货棚，是带有顶棚的普通货物站台，用以存放怕湿、怕晒的货物，如图 3-23 所示。

图 3-23　雨棚

按装卸线的布置形式，雨棚分为一般雨棚和跨线雨棚两种。

一般雨棚的装卸线布置在雨棚的一侧或两侧，跨线雨棚的装卸线布置在雨棚内。在多雨地区和办理大量零散货物的货场可采用跨线雨棚。雨棚的造价低，但不如仓库保管安全，其设计要求与仓库基本相同。

4. 仓库

仓库是为了存放怕受自然条件影响的货物、危险货物和贵重货物而在普通站台上修建的封闭式建筑物，如图 3-24 所示。库内设有必要的通风、防火设备，可用于堆存件杂货。

图 3-24　仓库

(1)仓库的形式及选择

仓库按分层形式有单层仓库、双层仓库及多层仓库。与多层仓库相比，单层仓库的优点是：结构简单，造价低，使用方便。但在货运量相同的条件下，占地面积比多层仓库大。而多层仓库对装卸机械化程度的要求较高。

货场内的仓库通常为短期存放货物之用，搬运作业比较繁忙，因此采用单层仓库的较多。在货运量大、用地困难，又有相应的装卸机械设备时，应研究采用双层仓库或多层仓库。

仓库按与铁路装卸线的配置可分为库外布置装卸线仓库(图 3-25)和跨线仓库(图 3-26)两种形式。

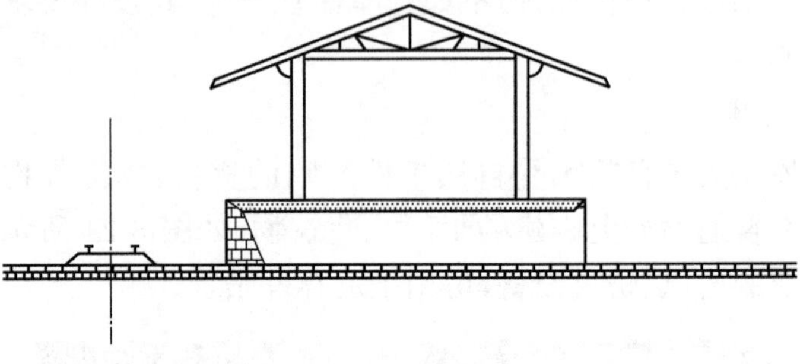

图 3-25　库外布置装卸线仓库示意

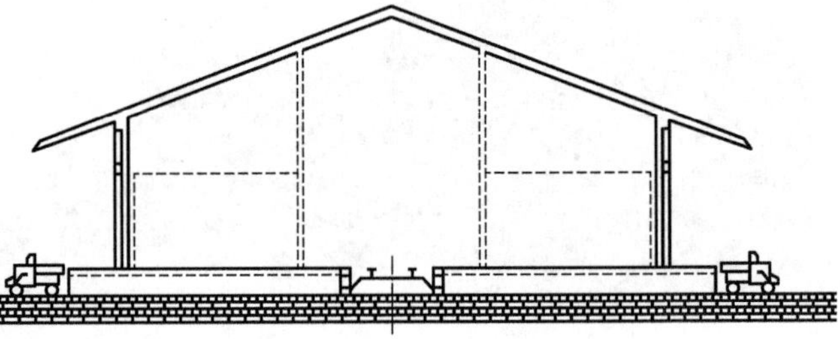

图 3-26　跨线仓库示意

一般采用库外布置装卸线,但在雨雪多、风沙大、气候严寒的地区,作业量较大时,可设计为库内布置装卸线,即采用跨线仓库。跨线仓库的优点是在库内作业不仅改善了工人的劳动条件,并可保证雨雪天不中断装卸作业,使货物免受损失。

(2)仓库设置位置及设计要求

为了便于装卸作业,仓库应设置在普通货物站台上,并与装卸线及货场道路合理布置。仓库两侧应设置雨棚,雨棚的宽度应与站台边缘对齐,在多雨地区,且作业量较大时,雨棚宽度应伸出站台边缘一定距离。

仓库外墙轴线至站台边缘的距离应根据运输方式以及采用的装卸工具类型确定。在使用叉车作业时铁路一侧宜采用 4.0 m；场地一侧宜采用 3.5 m，但作业量大的零散仓库宜采用 4.0 m。使用人力作业时铁路一侧可采用 3.5 m；场地一侧可采用 2.5 m。

库外布置铁路装卸线的仓库，一侧布置装卸线，另一侧布置道路。跨线仓库有双侧跨线式和单侧跨线式两种。双侧跨线式仓库，两侧均布置道路；单侧跨线式仓库，一侧为装卸线，另一侧为道路。

修建仓库时，应遵守以下基本要求：

①仓库建筑须遵守防火、卫生及安全的有关要求。

②仓库设备的容量应与货运量相适应，并应考虑今后的发展。

③仓库位置应便于货物的入库、装卸和提取，库内区域划分明确，布局合理。

④集装箱货物仓库与零散货物仓库尽可能分开设置，库内货物应按发送、到达、中转货物分区存放，并分线设置货位，以防事故的发生；要尽量减少货物在库内的搬运距离，尽量避免迂回运输，并要最大限度地利用空间。

⑤库内外应设方便的道路，使用机械作业时，道路应符合装卸作业的要求。

⑥仓库应有保证夜间作业的照明设备和其他附属设备（如地磅、消防设备、货运员办公室及通信设备等）。

⑦仓库货门的设置，既要考虑货车集中到达时的同时装卸作业要求，又要考虑由于增设货门而造成堆存面积的损失。

⑧建筑成本低。

对于存放具有特殊性质的货物（如危险货物，特别是其中的爆炸品、放射性物质），应设置专门的仓库。

(3)仓库长、宽的确定

为了便于管理,组织成组装车作业及减少取送作业与装卸作业的干扰,每节仓库的长度应按经常到达的最大车组长度来确定。一般大型货场每节仓库的长度在 210 m 左右,可容纳 15 辆车;中型货场每节仓库长度以 140 m 为宜,可容纳 10 辆车;阶梯形仓库长度为 70～100 m,可容纳 5～7 辆车;跨线仓库长度为 210～300 m,可容纳 15～21 辆车。仓库的总长度根据仓库所需要的面积和采用的宽度来确定。

仓库宽度应根据货运量、货位布置、货物种类、作业性质及采用的装卸机械类型等因素确定。仓库的宽度既要满足存放货物的需要,又要为装卸机械化创造方便的条件。一般根据各种货物的货位宽度和设计货位排数,选用 9 m、12 m、15 m 或 18 m,这样可提高装卸作业效率,加速车辆周转。对于机械化程度较高的大、中型货场,每座仓库宽度不应小于 15 m,小型仓库可采用 12～18 m。

5. 货物站台、雨棚、仓库与装卸线的配置形式

货物站台、雨棚、仓库与装卸线的配置,应根据取送车、装卸作业和短途搬运的条件,以及线路铺设和用地最省的原则来考虑。其相互间的有关尺寸如下:站台边缘至相邻装卸线中心为 1.75 m;仓库端墙至站台端部坡顶不小于 2 m;车挡距最近库门中心不小于 17 m,至站台端部坡顶不小于 10 m,至阶梯形的垂直站台墙边缘可按 2 m 考虑,如图 3-27 所示。

(1)矩形站台仓库布置

矩形站台仓库布置与其他类型相比,具有下列优点:装卸线较长,一次作业能容纳较多的车辆,能够减少调车钩,有利于成组装车或卸车;结构简单,造价低,占地面积少,当在同一线路上向相邻的仓库调移车辆时比较方便。因此,这种布局方式被广泛采用。矩形站台仓库的布局形式很多,常见的有以下 6 种。

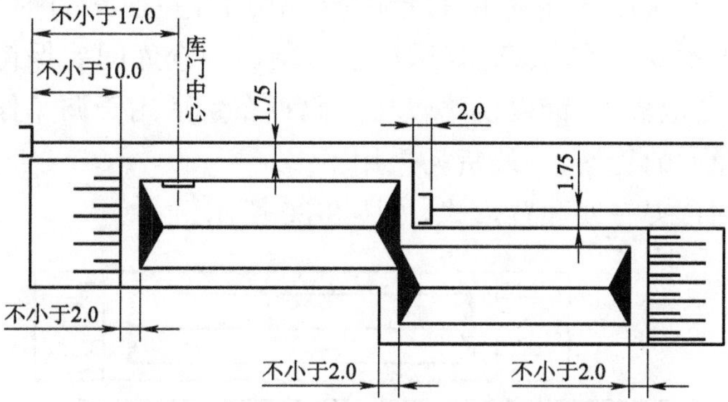

图 3-27　仓库、站台与线路配置示意(单位:m)

①一台一线配置形式,如图 3-28 所示。

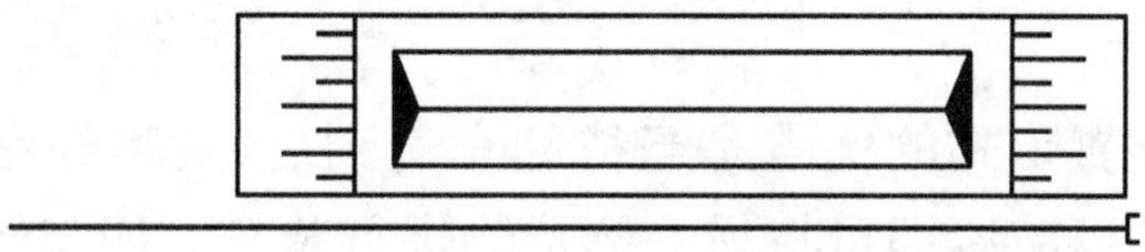

图 3-28　一台一线矩形仓库布置示意

这种配置形式结构简单,造价低,占地少。但当仓库及装卸线过长时,位于股道中部或尽头处先装卸完的车辆无法取出。如果要取出这样的车辆,则必须停止其他车辆的装卸作业,并增加调车作业。所以这种布置适用于大组车装卸作业较多的货场。

②同侧一线配置形式,如图 3-29 所示。

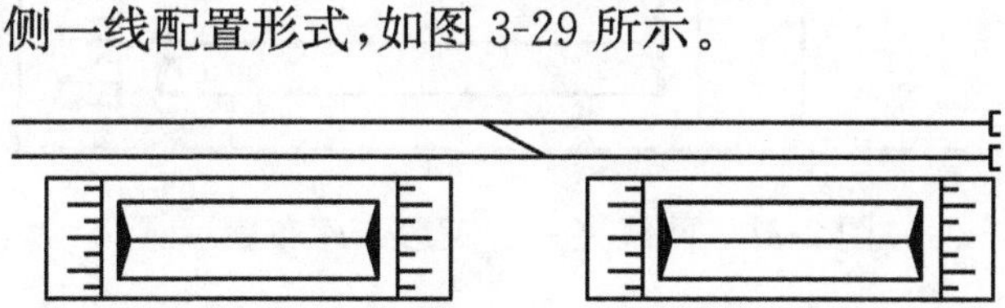

图 3-29　两台同侧一线矩形仓库布置示意

这种配置形式是将长的仓库分成两节，并在其间铺设渡线。它克服了图 3-28 的缺点，取送车较方便。但仓库间要保持一段距离，因而占地较多，铺设线路较长。此种布置适用于调车作业较多或窄长地形的货场，一般货场采用不多。

③两台夹一线配置形式，如图 3-30 所示。

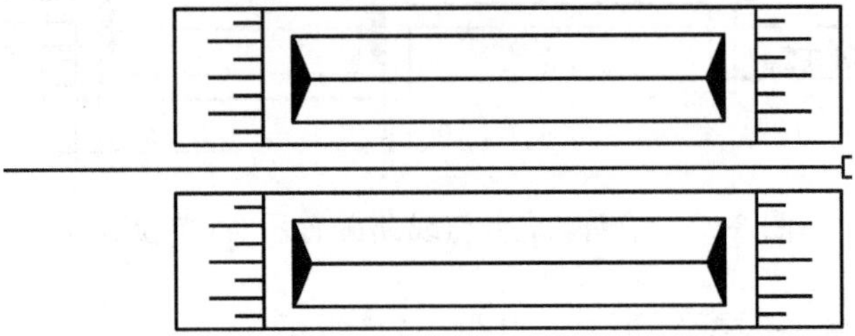

图 3-30　两台夹一线矩形仓库布置示意

这种配置形式的优点是当待卸车送到后，货物卸在一侧站台上，车辆不必移动，即可将另一侧货物进行装车。如装卸量大致相等时，可以大大提高货车双重作业系数。所以，此种配置形式适合于到发作业量大致相等的货场。其缺点是：装卸线排水不良，养护困难，调车作业不方便。

④两线夹一台配置形式，如图 3-31 所示。

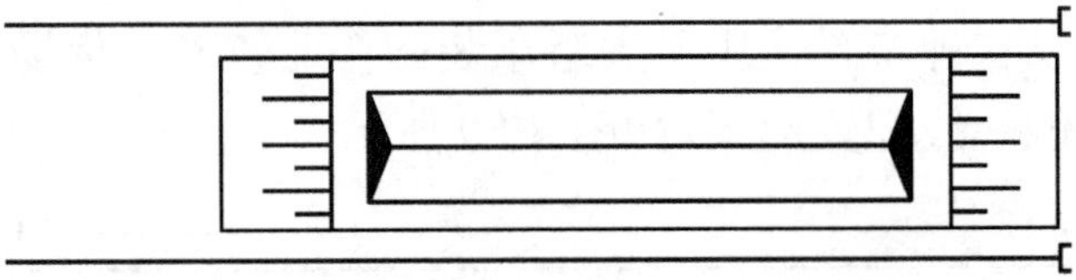

图 3-31　两线夹一台矩形仓库布置示意

这种配置形式适用于零散换装作业，或办理少量零散发送和到达作业的货场。

⑤两线两台配置形式，如图 3-32 所示。

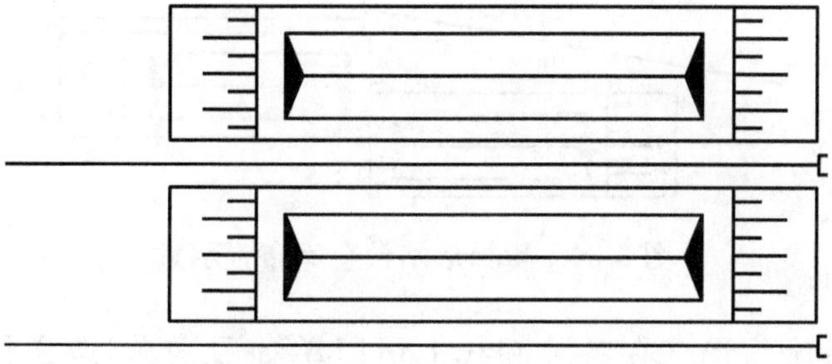

图 3-32　两线两台矩形仓库布置示意

这种配置形式是两台夹一线和两线夹一台的综合布置，边上的仓库可以办理零散发送和到达作业。这种配置形式适用于办理零散到发作业的货场。

⑥多台夹三线配置形式，如图 3-33 所示。

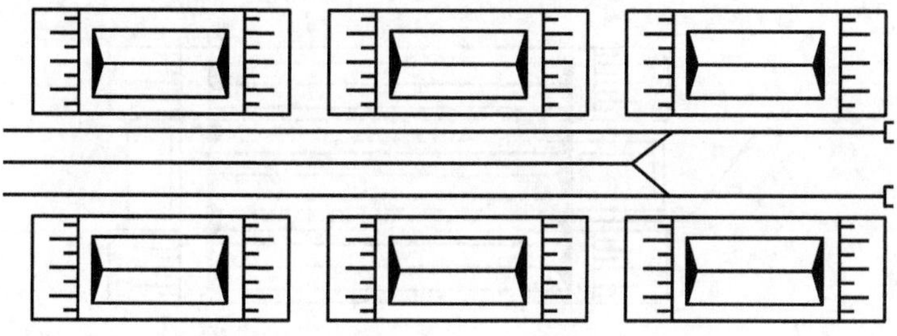

图 3-33　多台夹三线矩形仓库布置示意

这种配置形式仓库多，线路长，可以分类集结较多的货物，而且可以利用中间一条线路挑选和存放车辆，但占地面积大。这种布置形式适用于零散与整车到发作业量较大的货场及港口码头仓库。

(2)阶梯形站台仓库布置

阶梯形站台仓库布置如图 3-34 所示。

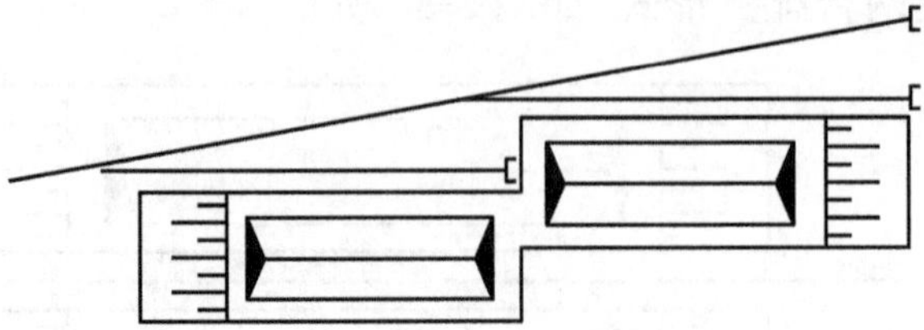

图 3-34 阶梯形站台仓库布置示意

这种配置形式在各装卸线上可以单独取送车，取送作业与装卸作业互不干扰，调车方便，使用灵活。缺点是装卸线短，停放作业车少，调车钩数多，道岔多，占地多，造价高，装卸机械在两站台间移动不方便，且站台突出部分影响汽车道路。这种布置在货物种类复杂，取送车频繁，场地又较宽敞时可以采用。

(3)栉形站台仓库布置

栉形站台仓库布置，如图 3-35 所示。

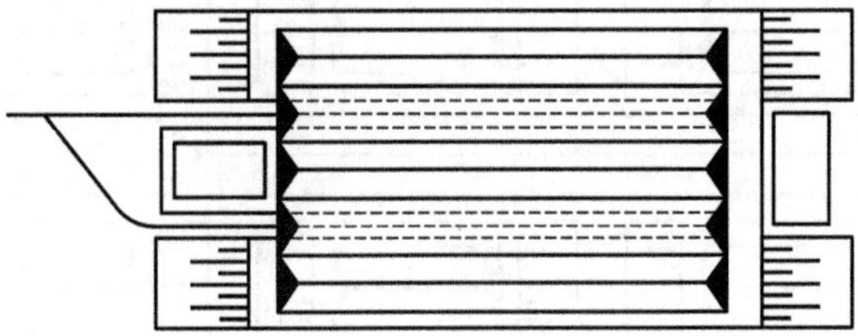

图 3-35 栉形站台仓库布置示意

这种布置即三台夹两线的形式，布置紧凑，便于管理，大多为跨线仓库或雨棚。边上的仓库可以办理零散发送和到达作业。它适用于货运量较大的车站。

6. 货场场库需要面积的计算

(1)仓库、雨棚、货物站台及堆货场面积的计算

仓库、雨棚、货物站台及堆货场的面积包括有效面积和辅助面

积两部分。有效面积是指直接用来堆放货物的部分，辅助面积是指用作搬运、装卸和检查货物的走行通道、货位间隔及设置衡器等所需的面积。

场库设备需要面积（$F_{需}$）应根据货运量、货物保管期限以及单位面积堆货量（包括辅助面积在内）等因素确定，计算公式为

$$F_{需}=\frac{Q\alpha t}{365p} \tag{3-4}$$

式中　Q——仓库、雨棚、货物站台或堆货场年度货运量，t；

α——货物发送或到达的月度不均衡系数，大、中型货场可采用 1.2～2.0，季节性强和有特殊性的货物按实际情况计算，也可参考表 3-5 车站发送或到达货运量波动系数取值；

t——货物临时存放天数，可按表 3-6 各类货物占用货位时间取值；

p——仓库、雨棚、站台或堆货场单位面积堆货量，t/m²，计算时可采用表 3-6 各类货物单位面积堆货量、货位宽度的数值。

表 3-5　车站发送或到达货运量波动系数

年发到货运量/万 t	10～30	30～100	≥100
运量波动系数 α	1.25～1.60	1.20～1.50	1.10～1.40

注：①货运量较小时取高限，反之取低限。

②当工业品运量较大时，取接近低限制；当农业、商业品运量较大时，取接近高限值。

表 3-6　各类货物货车平均静载重、单位面积堆货量、货位宽度和占用货位时间

序号	货物品类	货车平均静载重/(t/车)	单位面积堆货量/(t/m²)	货位宽度/m	占用货位时间/天	
					到达	发送
1	整车怕湿货物	39	0.50	4～6.5	3	2

续上表

序号	货物品类		货车平均静载重/(t/车)	单位面积堆货量/(t/m²)	货位宽度/m	占用货位时间/天	
						到达	发送
2	普通零散货物	到达	26	0.20	9	3	—
		发送	26	0.25	9	—	2
3	整车笨重货物		41	1.00	4	4	2
4	露天站台货物		48	0.25～0.45	6.5～12	3	2
5	散堆装货物		54	1.00	4	3	2
6	集装箱货物		25	0.26	—	3	2
7	整车危险货物		38	0.50	5.5	3	2
8	混合货物		34	0.30	8	3	2

注：①单位面积堆货量：库棚内包括纯堆货面积，叉车或人行通道、货盘间作业和堆货间隔等面积；笨重货物和散堆装货物场地包括纯堆货面积和堆货间隔的面积，但不包括汽车通道和辅助机械走行场的面积。

②散堆装货物如为多车重码，单位面积堆货量和货位宽度应另行计算。

③对在河港、码头转驳的货物，其占有货位时间可适当增加。

货物发送或到达的月度不均衡系数计算公式为

$$\alpha=\frac{Q_{月}}{Q/12} \tag{3-5}$$

式中　$Q_{月}$——当年最大月到(发)运量，t。

在确定年度货运量时，应注意有些车站到达或发送的货物并非全部都经由货场场库保管，特别是有大量直接换装作业的车站，大量货物都不经由场库保管。因此，在考虑 Q 值时，应把不经由货场场库保管的这一部分货物扣除掉。

(2)场库宽度和长度的确定

①场库宽度

a. 仓库、雨棚宽度(内侧)

仓库、雨棚的宽度应根据货运量、货物种类、作业形式、库棚内装卸作业方式和采用的装卸机械类型等因素确定。仓库、雨棚宽

度计算公式为

$$B=\frac{qM}{pl} \tag{3-6}$$

式中　B——仓库、雨棚宽度，m；

q——货车平均静载重，t/车；

l——仓库门中心间距，一般采用 14 m；

M——在车长范围内布置货位排数。

大、中型货场装卸机械化程度较高，为了便于装卸机械作业，仓库、雨棚的宽度应该大一些，一般应不小于 15 m；小型货场仓库、雨棚宽度可采用 12～18 m。

b. 站台宽度

站台的宽度可根据货物品种、作业量、作业性质、装卸搬运机械设备及站台上设置的库棚等情况确定，同时应考虑站台边缘应留的装卸作业通道。

一般露天站台宽度不小于 12 m，平顶式高站台单向站台的宽度采用 12～18 m，双向站台的宽度为 19～28 m。

c. 堆货场宽度

堆货场的宽度应根据货物种类、货运量、装卸机械类型及货位的布置等因素确定。

②场库长度

场库的长度(L)应根据场库需要面积(F)和所采用的宽度(B)加以确定，并应考虑一次取送车组长度的要求，计算公式为

$$L=\frac{F}{B} \tag{3-7}$$

仓库、雨棚的长度应适中，每节库棚不宜过短，也不宜过长，以便于库棚管理，组织成组装卸作业及减少取送车作业与装卸作业的干扰。

站台长度应与站台上所设置的库棚长度相配合，露天站台的长度可根据需要确定。

堆货场的长度，可根据堆货场需要面积与所采用的宽度确定，同时，应结合所采用的装卸机械类型和数量来选取。

（四）货场配线

货场配线是指货场内的铁路线路，主要包括货物线、牵出线、存车线、轨道衡线等。

1. 货物线

货物线也称装卸线，是办理货物装卸作业时车辆停留的线路，如图 3-36 所示。一般，在货场内应根据货物品类和运量分别设置仓库、货棚、站台货物装卸线，集装箱货物装卸线，笨重货物装卸线和散堆装货物装卸线。当货物运量较小时，在符合消防、环保和卫生要求的条件下，不同品类货物可合设一条装卸线。

图 3-36　货场装卸线

(1)货物装卸线总有效长度的计算

货物装卸线总有效长度是指可以用作装卸货物的线路长度。它由以下因素确定：

①年度货运量；

②每昼夜取送车次数及车组长度；

③货物保管期限；

④装卸线一侧或两侧的货位排数；

⑤装卸能力及短途搬运能力。

货物装卸线总有效长度，除应满足平均一次来车的长度外，还应保证货物装卸线两侧有足够的货位。因此，应分别计算出两者需要的长度，并选择其中较大者作为货物线的有效长度。

平均一次送车需要的装卸线有效长度（$L_{铁}$），可按式(3-8)计算。

$$L_{铁}=\frac{Q\alpha l'}{365qc} \tag{3-8}$$

式中　$L_{铁}$——平均一次来车长度，m；

l'——车辆平均长度，一般取 14 m；

c——货场每昼夜取送车次数，一般小型货场取 1，中型货场取 2～3，大型货场取 4；水陆联运货场年运量在 40 万 t 以下者取 2，年运量在 40 万 t 以上者取 4。

如按不同品类的货物划分货区时，应分别按各类货物的不均衡系数及货车平均静载重计算货物线的总有效长度。

存放货物需要的场库设备长度（$L_{货}$），可用两种方法计算，见式(3-9)和式(3-10)。

$$L_{货1}=\frac{Q\alpha t}{365pd} \tag{3-9}$$

式中　d——货物线一侧或两侧场库设备的总宽度，m。

$$L_{货2}=\frac{Q\alpha lt}{365qn} \tag{3-10}$$

式中　n——货物装卸线一侧或两侧的货位排数（即一个车长范围

内所容纳的货位个数)，人力装卸一般可按一侧一排计算，机械装卸应根据起重机伸臂长度或跨距而定，散堆装货位、低货位、滑坡仓式和跨线漏斗式高站台等应根据容纳车数而定。

如取送车周期大于货位周转期，即第一次来车卸下的货物所占用货位，在第二次来车之前已经腾空，货物保管期限和货位排数就不起控制作用。此时，货物装卸线总有效长度取决于平均一次送来的车组长度。因此，只计算 $L_{铁}$ 即可。

当滑坡仓式或跨线漏斗式高站台采用一次送车分批次连续装车时，货物线装卸有效长度应按式(3-11)计算。

$$L_{铁}=(2n'-1)L_{高} \tag{3-11}$$

式中 n'——分批装车的批数；

$L_{高}$——高站台的长度，m。

各股货物装卸线有效长度应根据装卸作业的性质、一次取送车数、装卸作业组织办法、装卸机械类型、场库设备布置和地形条件等因素来确定。下述各种货物线装卸有效长度，可供进行大、中型货场设计时参考。

①仓库、站台线有效长度应与仓库、站台的布置形式和长度相配合。

矩形站台(仓库)货物线装卸有效长度，一般以容纳 10～15 车为宜，即 140～210 m，当仓库分节布置时，应根据需要确定。

阶梯形站台(仓库)货物线装卸有效长度，一般以容纳 5～7 车为宜，即 70～100 m。

跨线仓库货物线装卸有效长度，一般以 210 m 左右为宜。

露天站台线装卸有效长度，应根据需要确定。

②笨重货物线的装卸有效长度，应与装卸机械的能力及台数相配合。

③散堆装货物线的装卸有效长度，应适应组织大宗散堆装货物直达、成组运输的特点，结合装卸设备的能力确定。当运量很大时，根据需要可采用半列车或整列车长。

根据经验，几种大型装卸机械作业的货物线装卸有效长度可参照表 3-7 确定。

表 3-7　大型机械作业的货物线装卸有效长度

装卸机械类型	在一条作业线上设备机械台数/台	一般装卸有效长度/m
龙门式起重机	1	100
	2	140
链斗式联合卸车机或螺旋卸煤机	1	210
	2	根据需要

注：①本表数字可根据货场布置及作业需要适当增减。
②装卸有效长度是指装卸机械作业范围内的长度。

中间站货场由于货物到发量小，且不均衡性大，装卸线一般只有 1～2 条，其装卸有效长度可按向该线一次最大送车数的计算长度确定。

(2)装卸线的间距

影响装卸线间距的因素有：货物种类及装卸机具类型，装卸线间是否设有存放货物的场库设备及其他建筑物，道路布置及搬运工具的停放方式等。

①线间无场库、建筑，间距应大于 4.6 m。

②若有货棚，则支柱外边缘距装卸线中心不小于 2.44 m。

③两线间有堆货场，根据机械、堆货场道路要求确定。

④准轨和宽轨换装时，间距不能小于 3.6 m。

⑤两装卸线间或预留有电力机车接触网时，线间距不能小于 6.5 m。

⑥曲线上应加宽。

⑦装卸线与到发线间距，线间无作业时不小于 6.5 m，困难时为不小于 5 m，有装卸作业时不小于 15 m。

2. 牵出线

大、中型货场牵出线是为向各装卸点挑选车辆、牵出转线等调车作业而设置的。小型货场牵出线是为了摘挂列车甩挂作业和货场取送车作业而设置的。货场牵出线的数量和长度，对货场作业能力有直接影响。

货场牵出线的设置可根据货场与车场的相互位置，货场与车场联络线的平、纵断面条件，货场作业的繁忙程度，车站及线路的通过能力确定。在下述条件下，货场应设置牵出线。

(1)大、中型货场与车站的车场纵列布置，且相距较远，联络线上有专用线接轨且运量较大，或者联络线平纵断面条件不允许调车。

(2)货场与车站的车场横列布置，车站牵出线作业繁忙，货场取送车频繁，必须配有专用调车机车时。

(3)货场位于调车场的对侧，且货场调车作业比较繁忙，又无其他线路可供货场牵出调车。

(4)中间站货场通常都是利用正线调车，但当货场作业量增加，严重影响区间通过能力，不能保证正线正常运输时，货场应设置牵出线。

大、中型货场牵出线的数量应根据货场内调车机车的数量及每昼夜牵出线被占用的总时间来确定。尽端式货场通常只有一台调车机车作业，所以一般只设一条牵出线。

货场牵出线的总长度 L 可按式(3-12)计算

$$L=l_n+l_{机}+l_{安} \tag{3-12}$$

式中　l_n——货车平均长度，可取 14 m；

n——牵出车列的车辆数，可取经常取送的最大车辆数；

$l_{机}$——机车的长度，m；

$l_{安}$——牵出停留地点至车挡的安全距离，取 10 m。

货场牵出线应具有足够的有效长度，否则调车时要分批牵出，这将增加调车作业次数，延长作业时间，影响货场的作业效率。为满足货场作业的要求，货场牵出线的有效长度原则上不应小于列车长度的一半，如受地形条件限制或作业量较小时，牵出线可适当缩短，但也不宜小于 200 m。

3. 存车线

货场存车线是暂时存放车辆或选分车组用的线路。存车线的设置应根据货场作业量、车辆取送调车作业的复杂程度、车场与货场的距离及货场设备的作业能力等因素来确定，中小型货场不宜设存车线。大型货场装卸作业、车辆选编调车比较复杂，利用咽喉区及空闲的装卸线调车干扰大时，可设置存车线。存车线的数量宜设计 1～2 条。

存车线设置的地点应便于为各个作业区服务，一般以设置在货场头部或咽喉区为宜，在个别情况下，亦可设在繁忙货区，作为该货区存车及选分车组之用。

存车线的长度应根据一次送车的车组长度和采用的调车作业方法，结合当地地形条件加以确定。

4. 轨道衡线

轨道衡线是装有轨道衡设备，专门用来衡量重车、空车重量的线路。在工业站、国境站、港湾站及其他需要用轨道衡检斤的货场内，应设置轨道衡线。

轨道衡线一般应设在通往装卸地点的咽喉区，以保证车辆进入轨道衡及从轨道衡到装卸地点作业的流畅性，避免货车为了检斤而产生折返走行。轨道衡和轨道衡线的设置如图 3-37 所示。

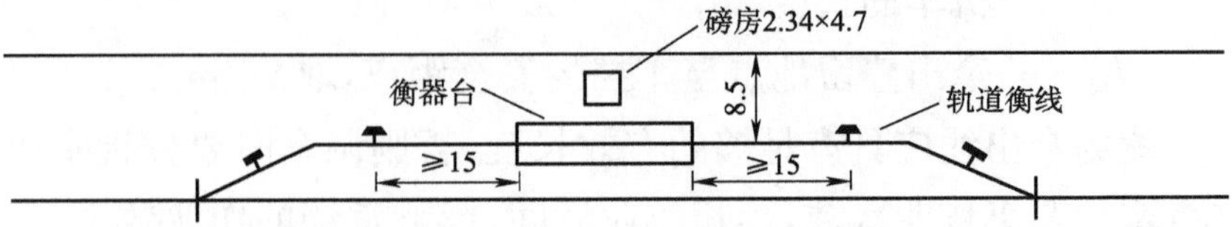

图 3-37　轨道衡及轨道衡线平面示意(单位:m)

轨道衡线为通过式,轨道衡及其两端各不小于 15 m 的一段线路应为直线,并严格保持水平。大组车连续检斤的轨道衡线,如地形条件不受限制,轨道衡两端应各设不小于 50 m 的平直线。轨道衡与相邻线路间如设有磅房时,其线间距不应小于 8.5 m。

四、货场道路

货场道路是货场内进出货搬运车辆的走行通道及其装卸作业的停靠场地。它直接影响货场的进出货能力和交通安全。货场道路的布置形式与货场的配线、场库设备的设置及汽车的停靠方式有关。在配置货场时,要给短途搬运创造便利条件,保证货场有足够的进出货能力。货场道路的宽度应根据道路等级、搬运车辆类型和运行方式、搬运货物种类和运量等因素确定。

1. 货场道路布置的一般要求

(1)货场道路布置要密切配合城市规划,与市区、城镇道路要有便捷的联系。

(2)货场道路标准,应根据使用需要和不同的交通量,选定其等级。

(3)道路的形式应使各货区的调车作业与短途搬运车辆行驶互不干扰。主要干道一般采用环形布置,支道根据实际情况可设计为尽头式布置。

(4)货场道路设计应与货场排水、场地硬面化综合考虑。

2. 货场道路布置

(1)道路宽度

仓库、雨棚、站台、堆货场之间以及它们与围墙之间,为布置停车场和道路,其最小宽度通常应满足表 3-8 场库设备的最小宽度的要求。

表 3-8 场库设备的最小宽度 单位:m

设备名称	围墙	仓库、雨棚、站台	门式起重机	卸车机	装车机
围墙	—	15	20	20	15
仓库、雨棚、站台	15	30	20	25	20
门式起重机	20	20	20	25	20
卸车机	20	25	25	30	20
装车机	15	20	20	20	20

注:①表中数据是指有效宽度,不包括通路边缘至围墙间绿化地面宽度。
②门式起重机系由吊车投影外侧起算。
③卸车机系由皮带机端部投影外侧起算。
④装车机系由外轨起算。

货场道路路面宽度应按主要干道和货区道路分别考虑。主要干道路面宽度取决于搬运车辆类型、交通量、运行方式等因素,大中型货场主要干道为 4 车道时,路面宽度为 14 m,3 车道时为 10.5 m,2 车道时为 7 m。货区道路路面宽度不小于 6 m。小型货场道路路面宽度根据具体情况确定。

道路边缘距线路中心线不应小于 3.75 m;至围墙或房屋外侧一般为 1.5 m。当建筑物面向道路一侧且有出入口时,距离应适当加大;距货位边缘不应小于 0.5 m。

路面内侧的曲线半径一般为 15 m,当场地狭窄,需要的行车速度较低,可根据道路所行驶的车辆情况,采用较小半径,但不应小于 6 m。

(2)汽车停放场

汽车停放场及道路宽度直接影响货场进出货的能力。其宽度取决于道路的布置形式及汽车停靠于仓库、雨棚、站台及堆货场旁的方式。

汽车停车场的布置形式如图 3-38 所示,图中 B 为道路宽度,l 为停车位长度,b 为停车位宽度。

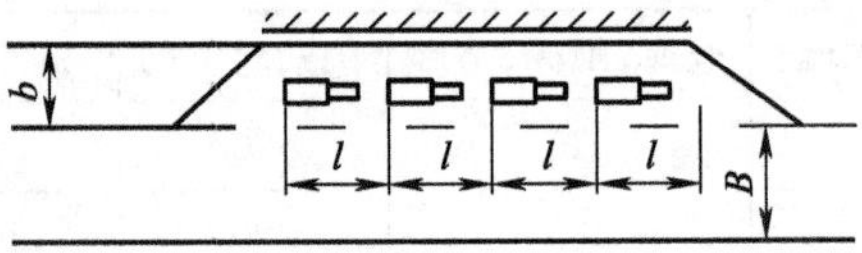

(a) 汽车平行货物站台

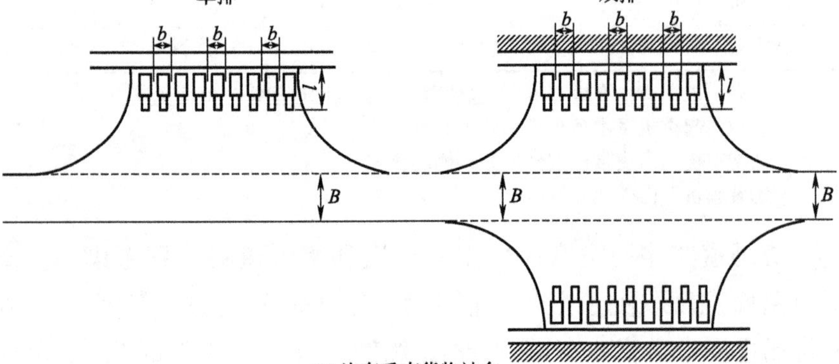

(b) 汽车垂直货物站台

图 3-38　汽车停车场布置示意

(3)货场道路布置形式

货场道路的布置有尽头式(图 3-39(a))和环形式(图 3-39(b))两种。

尽头式道路布置为车辆双向运行,能充分适应线路配置的形式。搬运车辆无需跨越线路,与取送车相互不干扰,调车作业和短途搬运作业都比较安全,但需要设置搬运车辆转向场地。环形布

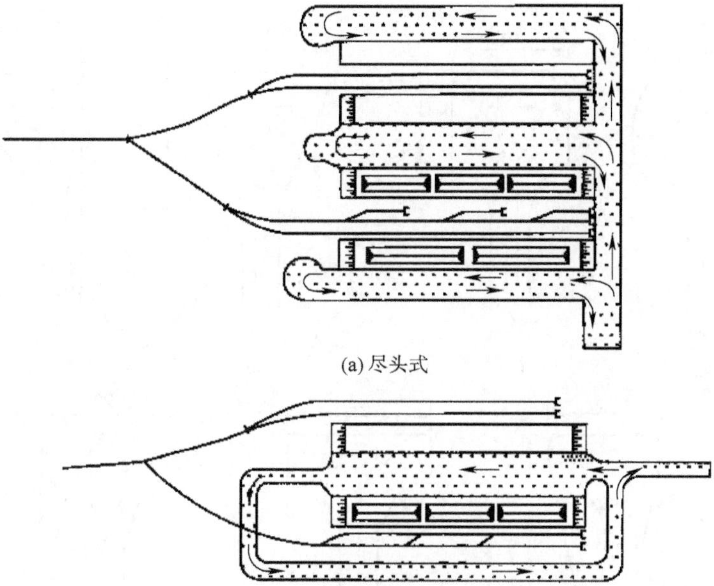

(a) 尽头式

(b) 环形式

图 3-39　货场道路布置示意

置可单向运行，汽车不对向走行，通行条件较好，但必须跨越线路，增加道口。货场道路布置形式应结合货场线路布置的具体情况而定。

货场内尽头式道路的端部应设回车场或回车道，但端部有回车条件者可以不设。回车场最小面积，当不带拖车时，可参照以下尺寸确定：

解放牌 CA-10 型 12 m×12 m；

黄河 JN252 型 8 m×18 m；

东方红 20 型 18 m×18 m。

尽头式道路回车场根据当地地形条件，参照图 3-40 选用。

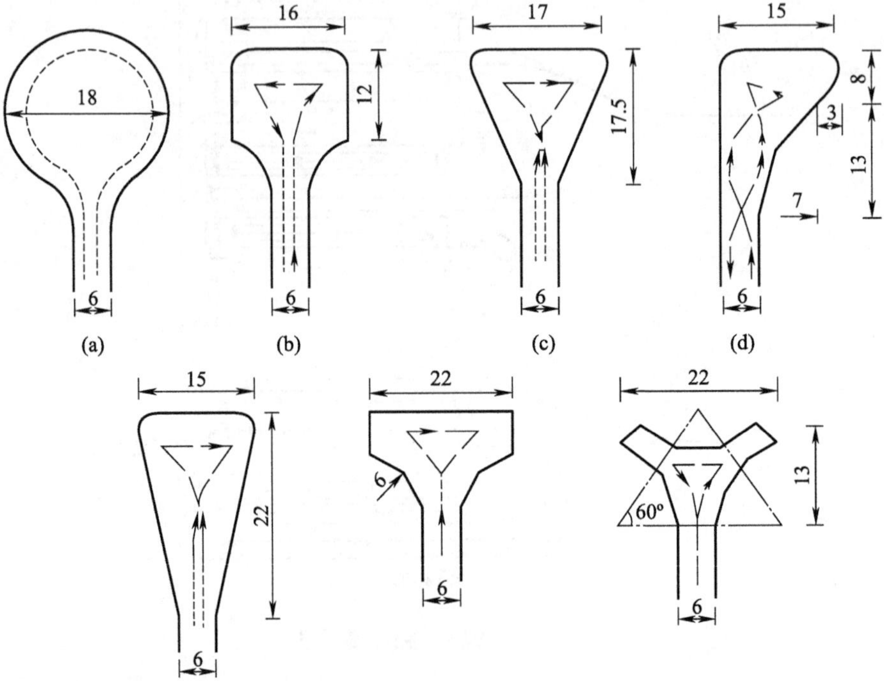

图 3-40　尽头式回车场布置示意(单位:m)

3. 货场排水

货场排水包括雨水、融化雪水等地面水,货车洗刷消毒的废水以及地下水、生活污水的排放。几方面应全面考虑、互相配合,以达到场地排水畅通的目的。

货场排水有纵向、横向坡度排水和明沟、暗沟、盖板沟排水等几种方式。货场排水设施应本着排水设备与道路硬面化相结合,货区排水支沟与全货场排水沟相结合,场内排水系统与城市排水系统相结合等原则综合考虑布置。

五、货场平面配置及布置图

1. 货场平面布置的基本要求

货场内各项设备的布置必须适应货运作业、装卸作业、搬运作业与取送车作业的要求，设计时应根据货场的作业性质、作业量、办理货物作业的种类、地形条件以及装卸机械化水平等具体情况，综合考虑以下基本要求。

(1)保证安全迅速地办理货场内的一切作业，便于为托运人、收货人服务，并与其他运输方式有方便的联系。

(2)要有足够的场地来布置各项设备，并适应装卸作业机械化和远期发展。

(3)要有良好的排水条件，并符合消防安全和卫生要求。

(4)应与城市规划密切配合。各项设备的布置应力求紧凑合理，并考虑作业的流水性，充分利用场地面积，如改建货场，应充分利用既有设备以减少工程投资。

(5)配线与其他设备的布置。应保证货运作业及调车作业便利，以减少调车机车走行和缩短搬运车辆在货场内的走行距离。

(6)在进行货物检查和交付时，要便于搬运车辆的停留。

2. 货区划分及其相互配置

货区是为了便于货场管理，在线路固定使用的基础上，根据货运作业的性质，将相邻的若干条装卸线和货运设备合并在一起，划定的货物作业区。常见的货区有整车、零散成件包装货区，长大笨重及集装箱货区，散堆装货区，危险品货区，牲畜装卸货区等。在大的货场，也可以按货物的到达、发送或方向划分货区。办理水陆联运货物作业的货场，水运货区与陆运货区应分开布置。

各货区的相互位置根据货场的具体情况进行布置，一般可按下列要求考虑。

(1)成件包装货区应远离散堆装货区，避免被散堆装货物灰尘污染，最好设在货场上风方向和靠近城市一侧。这样，有利于货场环境美化，也符合整洁的要求。

(2)为了集中管理和使用装卸机械，集装箱货区应靠近长大笨重货区，提高装卸机械的使用效率。集装箱及长大笨重货区可布置在成件包装货区和散堆装货区之间，起隔离作用。

(3)散堆装货区最好布置在货场的下风方向及远离市区的一侧，应和成件包装货区保持相当的间隔距离，以保证货场内的整洁。

(4)根据消防安全规则及卫生防疫规定，牲畜装卸货区和危险品货区应布置在远离其他货区的地方。在货场内设有危险货物专用仓库时，最好设置单独的出入口。如危险货物作业量较大，应设立专门办理危险货物的车站或货场。

(5)货场与车场横列布置时，为了避免将来车场发展而引起拆迁仓库、站台等建筑物，应将成件包装货区布置在远离车场的外侧，而将散堆装货区布置在靠近车场的一侧。

3. 货场装卸线的布置

装卸线的布置应便于车辆的取送，缩短调车走行距离，避免取送车与装卸作业的相互干扰，便于装卸作业和短途搬运进出货。货场内的场库设备及有关建筑，通过各种配线的布置，使货场各项设备连成一个整体，根据场库设备和线路配置的方式，可以组成不同类型的货场布置。

货场内装卸线的布置形式通常有平行式、非平行式和混合式三种。

(1)平行式，如图 3-41(a)、图 3-41(b)所示。这种布置的优点是:限制少,用地省,选择场地比较容易,线路布置有规律。平行式布置因两装卸线间始终保持一定距离,有利于布置货场道路。其缺点是:道岔布置比较分散,取送车行程长。平行式布置的优点比较多,一般货场普遍采用这种布置形式。

(2)非平行式,即各装卸线之间的间距是不一致的,如图 3-41(c)所示。这种布置形式多因地形条件限制或货运量增加后在原有线路布置形式的基础上发展形成。这种布置道岔比较集中,便于道岔管理,对取送车作业较为有利。但是由于非平行布置,线路之间的间距不等,因而布置货位和道路时,场地不能充分利用,浪费较大。因此,在一般情况下不宜采用。

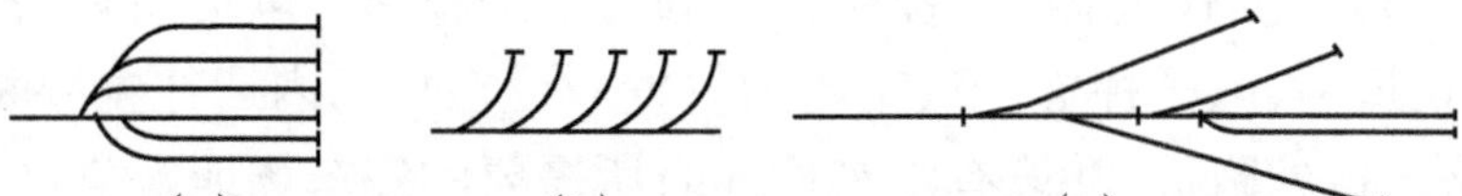

(a)　(b)　(c)

图 3-41　装卸线布置形式示意

(3)混合式。这种布置形式部分装卸线为平行式布置,部分为非平行式布置。多用于中间站货场,或因受地形条件限制,不能全部用平行式布置的大型综合性货场。

4. 货场其他设备的布置

(1)货场内的房屋是铁路运输营业以及办理货运业务的场所。货运室是办理货物的承运和交付手续、与货主签订和终结货物运输合同的场所,也是铁路内部联系运转部门和货运部门的中间环节。货场货运室一般应布置在货场进口处,一面面对市区,一面通向货场,既方便货主办理货物承运和交付手续,又便于货运票据的传递及货运作业各工序间的衔接。

(2)为了保证货物安全顺利地进出货场,货场应有围墙和出入口,出入口处设置门卫室。

一般中间站货场可设一个出入口，大中型货场应设置 2～3 个出入口，并将出入口分散在相应的市区道路上，为汽车在货场内环行创造条件。货场出入口要避免面向城市干道，以免影响城市干道车辆行驶与交通安全，最好在出入口处设置一段衔接城市干道的辅道。

(3)装卸机械维修、集装箱维修、篷布修理和充电等生产房屋宜集中布置。

(4)为了保证货场夜间正常作业和装卸机械正常运转，货场应有良好的照明及动力设备。货场照明应能满足装卸作业的需要，供货场道路照明的电线及灯具应布置在道路的一侧。

(5)根据作业需要，货场内应设置检斤设备，包括磅秤、汽车衡、轨道衡、电子秤等。汽车衡的位置应设在货场内通往主要货区道路入口处附近，并设有汽车检斤时所需要的停车场地。

(6)为了及时了解和掌握各个货区的作业情况，以便加强生产指挥和监督，在繁忙的货区可安装工业电视。为了加强货运信息管理，提高货运组织管理水平，大、中型货场内还应设置计算机管理系统。为了避免货场内灰尘污染货区，货场周围及生活区应进行绿化，以起隔离作用，并可美化环境。

5. 货场配置图

货场根据布置方式不同，可分为尽端式、通过式以及混合式三类。

(1)尽端式货场

尽端式货场是由一组尽头式货物装卸线构成的货场。其装卸线一端连接车站配线，另一端是设置车挡的终端，如图 3-42 和图 3-43 所示。

尽端式货场的优点是：占地少，线路和汽车道路比较短，因而工程投资省，易于结合地形；货场内道路与装卸线交叉少，因而短

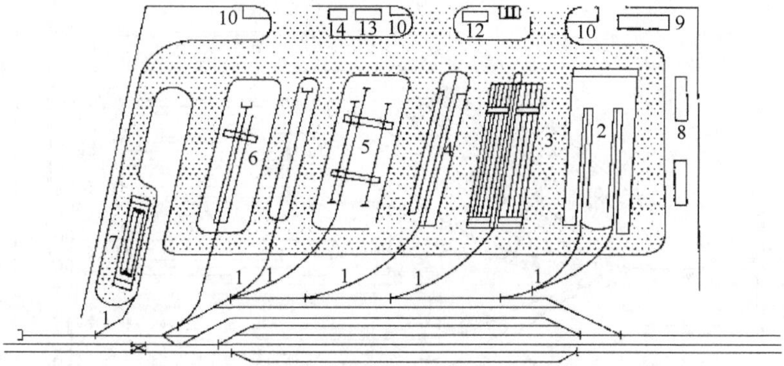

图 3-42　尽端式货场布置示意之一

1—货物线；2—跨线雨棚；3—整车站台及仓库；4—露天站台及预留仓库；
5—门式起重机及长大笨重货物场地；6—散堆装货物场地；7—危险货物仓库及站台；
8—装卸机械维修组；9—叉车库及充电间；10—门卫室；11—货运室；
12—装卸工人休息室；13—食堂；14—浴室

途搬运与取送车干扰少，安全性好；运量增加时，货场扩建比较方便。

其缺点是：车辆取送作业均在一端进行，取送作业能力受限制，该端咽喉区的负担较重；取送车作业与装卸作业有干扰。尽端式货场布置适于大、中型综合式货场以及运量较大并配有调车机车的货场采用。

图 3-42 所示布置的货物线在走行线的一侧，图 3-43 所示布置的装卸线在走行线的两侧，由于装卸线的分布不同，又各有其优缺点。图 3-42 所示布置的优点是占地较少，能充分利用货场有效面积，货物装卸线在走行线一侧且为平行布置，货场扩建比较方便。缺点是取送车调车作业时视线被货场内的建筑物和货物阻挡，安全性较差。图 3-43 所示布置货物线在走行线两侧，车辆取送调车视线比较好，但占地面积多，货场咽喉部位较长且面积不能充分利

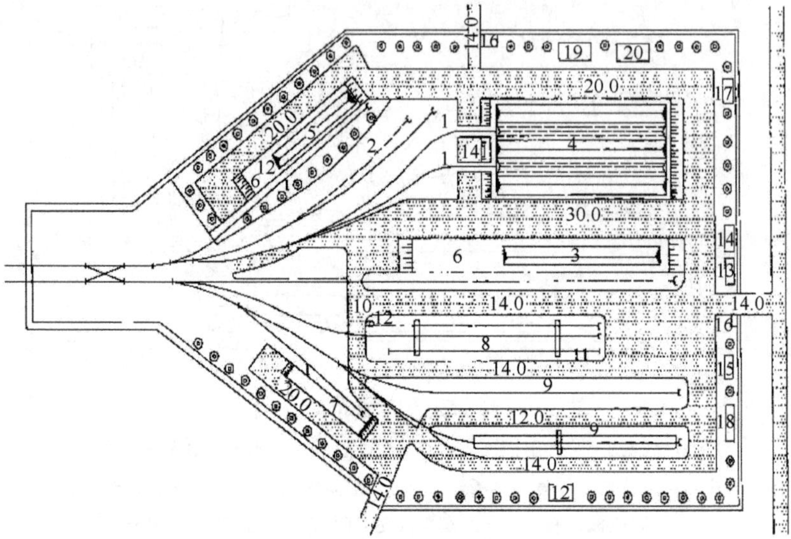

图 3-43　尽端式货场布置示意之二(单位:m)

1—货物线;2—存车线;3—仓库;4—雨棚;5—危险货物仓库;
6—普通货物站台;7—端式货物站台;8—笨重货物及集装箱场地;
9—散堆装货物场地;10—集装箱修理间;11—龙门吊;12—货运员办公室;
13—货运室;14—计划室;15—装卸工人休息室;16—门卫室;17—食堂;
18—浴室;19—装卸机具维修组;20—装卸机具停放场

用。为了节约用地可采用图 3-42 的布置,若不受地形限制,亦可采用图 3-43 的布置。

(2)通过式货场

通过式货场是由一组直通式货物装卸线构成的货场,其装卸线两端均连接车站配线,如图 3-44 所示。

通过式货场的优点是:取送车作业可在货场两端同时进行,取送车作业与装卸作业干扰少;可以办理整列或成组装卸作业,也可以利用装卸线接发列车;在没有配备调车机车的中间站,由本务机车取送车时,采用通过式货场对两个方向的列车作业都比较

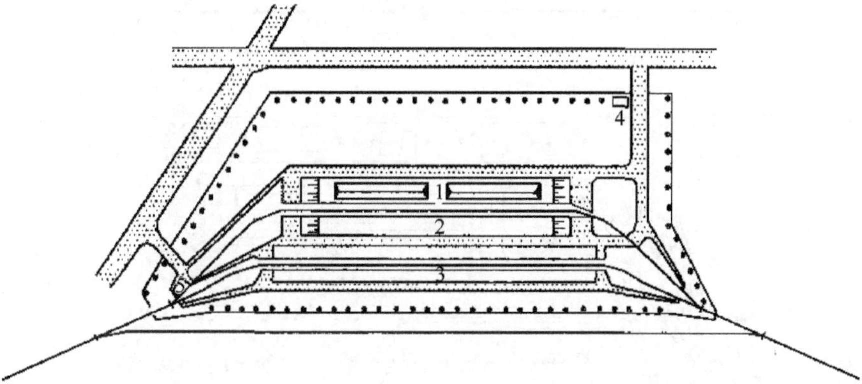

图 3-44 通过式货场布置示意

1—仓库;2—货物站台;3—堆放场;4—货运室;5—门卫室

方便。

通过式货场的缺点是:占地和铺轨都比尽端式货场多,因而工程投资相应增大;因装卸线一般都较长,增加了零星车辆的取送行程;货场道路与装卸线交叉多,取送车调车与搬运作业相互干扰;货场扩建和改建比较困难。

通过式货场适用于货运量大、品种单纯,城市规划和地形条件允许的专业性货场或者是货运量不大,由本务机车担当调车作业的中间站货场。

(3)混合式货场

混合式货场是部分装卸线为通过式,部分装卸线为尽头式的货场,如图 3-45 所示。

混合式货场分别具有尽端式货场与通过式货场的优点和缺点。

通过式装卸线作业能力较大,当调车作业比较繁忙时,货场两端均可取送车,从而减少取送调车与装卸作业的干扰;其余装卸线

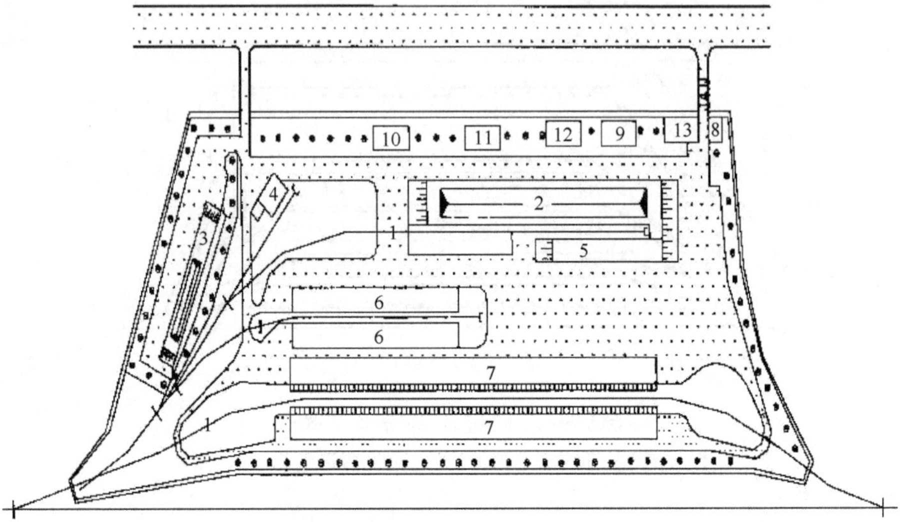

图 3-45　混合式货场布置示意

1—货物线；2—仓库；3—危险货物站台及仓库；4—牲畜圈；5—站台；
6—长大笨重货物堆放场；7—低货位；8—门卫室；9—装卸工人休息室；
10—装卸机械维修组；11—叉车库及充电间；12—浴室、食堂；13—货运室

作业量不大，可按尽头式布置。

采用条件是：当成件包装货物和长大笨重货物运量较小时采用尽头式线路，布置在靠近城市一侧；散堆装货物的运量较大，且有条件组织直达或成组取送作业时，可采用通过式线路，布置在靠车场一侧。反之，成件包装货物运量大可采用通过式线路，散堆装货物运量小时用尽头式线路，这种布置一般为中间站货场采用。

货场布置应根据货物种类、车流特点、作业量、取送车方式、货场在枢纽内的位置、货场与车场的相互配置方式和地形条件等因素进行选择。在一般情况下，大中型货场采用尽端式布置比较合适，货运量较小的中间站货场可采用通过式或混合式布置。如无特殊要求和足够的根据时，大中型货场不宜采用通过式。

第三节　仓储装卸搬运技术

一、仓储技术

(一)仓储的概念

仓储是通过仓库对商品与物品进行储存与保管。“仓”即仓库,仓库又名货仓,为存放、保管、储存物品的建筑物和场地的总称,可以是房屋建筑、洞穴、大型容器或特定的场地等,具有存放和保护物品的功能。“储”即储存、储备,表示收存以备使用,具有收存、保管、交付使用的意思。

仓储是集中反映工厂物资活动状况的综合场所,是连接生产、供应、销售的中转站,对促进生产效率提高起着重要的辅助作用。仓储是产品生产、流通过程中因订单前置或市场预测前置而使产品、物品暂时存放。同时,围绕着仓储实体活动,清晰准确的报表、单据账目、会计部门核算的准确信息也同步进行着,因此仓储是物流、信息流、单证流的合一。

传统仓储是指利用仓库对各类物资及其相关设施设备进行物品的入库、储存、出库的活动。现代仓储是指在传统仓储的基础上增加库内加工、分拣、包装等环节。仓储是生产制造与商品流通的重要环节之一,也是物流活动的重要环节。仓库服务于生产商、商品供应商、物流组织,为方便合作,仓库通常邻近码头、火车站、飞机场等。

目前,商业系统中大、中城市的仓库多采用与运输部门组建商业储运公司集中管理的办法,实行专业化经营,独立核算。少数仓库由专业公司与储运公司联合经营或与国外合资经营,以及在开放港口接受外资实行联营、合营等。其他城镇的仓库,多由专业公司管理,或属批发部、零售商店兼营,实行批(零)仓合一。大部分专业公司及批(零)仓合一的仓库均与商品经营统一核算,仓库本身仅是一个报账制或半独立核算单位。

独立核算的储运企业和半独立核算或报账制单位。对仓储业务中的代管商品、物资以及代存代销商品、物资,都必须建立、健全严格的出入库、保管、清查盘点、养护等责任制度,并根据储运业务特点和管理要求,正确组织会计核算。

(二)仓库的分类

1. 流通领域仓库

(1)物流中心(流通中心),是组织、衔接、调节、管理物流的较大的据点。

(2)配送中心,是从事货物配备(集货、加工、分货、拣选、配送)和组织对用户的送货,以高水平实现销售和供应服务的现代流通设施。

(3)流通领域还有一类是单一存储功能的战略储备库,如国家储备库。

若按保管形态分,有普通仓库、冷藏仓库、恒温仓库、露天仓库、危险品仓库等,因为要储藏货物的要求不一样,它们的区别同时反映在建筑物和内部设施上。

若按库房建筑结构分,有平房仓库(平库)、楼房仓库、高层货架仓库(空间利用率最好)、罐式仓库、轻钢结构仓库(成本低、建设快)。

2. 生产领域仓库

生产领域的仓库分为储存(storage)和仓储(warehousing)两类。生产制造过程原材料的储存、原材料或在制品的供应都属于储存功能。而准备发货启运的最终成品和产品的存储则属于仓储功能。

(1)仓储系统的构成:仓储系统包括存储空间、货物、仓储设施设备、人员、作业及管理系统等要素。

(2)仓库的作业功能:仓库的三类最基本的功能如下。

①移动(movement)

移动功能可以进一步分为以下作业功能。

收货(receiving)。收货作业包括:到达产品卸货、货物外观查验、检查物料的数量和质量是否与货单一致、更新库存记录。

转运或入库(transfer or put-away)。转运或入库是将商品移至存储区、专门作业区或发货区的实际移动过程,包括搬运和放在适当的地方。

订单拣货(order picking/selection)。订单拣货是将一种或多种存储货物取出,按顾客要求整理组合,包括拆包或再包装。订单拣货一般占仓库的近一半作业成本。订单拣货有4种策略,即:

a. 摘果式(discreet picking)。一次将一个订单的所有货物从头到尾拣取。

b. 播种式(batch picking)。先将所有订单所要的同一种货物拣出,在暂存区再按各用户的需求二次分配。

c. 分区式(zone picking)。每个拣货员负责一片存储区内货物的拣货,在一个拣货通道内,先将订单上所要货物中该通道内有的全部拣出,汇集一起后再分配。这是一种分区播种式,但要多个拣货员才能完成拣货任务。

d. 波浪式(wave picking)。按照某种特征将要发货的订单分组,如同一承运商的所有订单为一组,一次完成这一组订单,下一波再拣选另一组的。

直接转运(cross docking)。直接转运也称越库,它无需存储,直接将刚收到的货物经适当的分类整理转运到发货站台。它减少了作业时间和成本,并提高顾客服务水平。

发货(shipping)。发货作业包括拣选出的产品在发货区暂存,配货整理后搬运到运输车辆内,包括库存记录的调整和发货记录的检查,也包括分类整理和包装作业。

②储存(storage)

储存是商品在等待需求前的实际存放。

储存按时间长短分为临时的和持久的。

临时储存仅储存基本库存补货所必需的货物数量。具体数量由物流系统的设计、提前期和需求三者综合决定。

持久储存是指超过正常补货数量的,即安全库存或缓冲库存。需要持久储存的条件常有季节性需求、不确定的需求、水果和肉类等保鲜产品、预期购买和数量折扣等。

③信息交换(information transfer)

信息交换总是伴随着仓库的移动和储存功能,仓库作业管理总需要时间性强的精确信息,如库存水平、吞吐量、储位信息、进出货信息、空间利用率等。

现代企业越来越依赖于电子数据交换 EDI、互联网、条码和射频识别 RFID 等技术所提供的计算机化的信息来提高信息交换的速度和精确率。

(三)现代仓储在物流系统中运用

1. 仓储的战略角色转变

仓储从长期储存原材料及产成品,向以较短周转时间、较低存货率、较低的成本和较好的顾客服务为物流目标转变,能为原材料、工业货物和产成品产生时间效用。

2. 仓库在物流系统起增加附加值的作用

(1)运输整合(减少成本)。将零散(TCL)及拼箱(LCL)货物整合为整车(TL)及整箱(CL)运输产成品,接收整装货物,再将其分装为零散及拼箱货物运到各市场。

(2)产品组合。按顾客的需要进行产品混装,高效地完成订单,也能将原料及半成品组合后整车地由供应仓库运往工厂(可降低运输成本)。越库作业可实现产品组合作业,将刚到的货物经过适当组合整理转运到发货站台,载入正在等待的货车,驶向特定顾客。

(3)服务。在顾客下达订单时就将货物按要求在仓库里准备好。

(4)偶发事件。防范偶发事件,制定应急措施。

(5)平稳化。使生产过程中的作业流程及后继阶段能平稳进行,同时进行科学预测。

3. 基本仓库决策

(1)仓库的产权决策。采用自营或公共仓库(从全局出发)。

(2)集中仓储或分散仓储。必须将仓库数量的决策同选择运输方式的决策紧密结合起来。

(3)仓库的大小及选址。主要指自营仓库,必须从全局考虑,综合考虑运输、市场及地域特征。

(4)布局。决定仓库内部过道大小、货架、设备及其所有占据空间的设施的布局。

(5)存货种类。决定每家仓库储存所有种类的产品,还是专门储存某几类产品。

(6)雇员的安全。考虑雇员在工作中的风险,提高作业效率。

4. 仓库的基本操作

(1)物料的搬运。接受货物运入仓库、运到仓库指定位置、按顾客要求组合货物或备好原料、货物装车,送往顾客。

(2)存储与保管。流通仓库(物流中心或配送中心)中一些货物一般24 h或48 h内被转运,生产领域仓库中,公司长期储存价值较低的原材料或半成品(90天以上),大量采购可享受优惠,保值时装、酒精饮料等产品,通过储存可实现时间价值。

(3)季节性需求的调整。公司通过延长产品流通时间和减少加班时间,通常能够降低制造成本来抵消储存成本的升高,如贺卡、换季服装等。

5. 仓库的布局与设计

(1)决定仓库空间的步骤:对公司产品的需求做出预测、决定各类产品的数量、计算各部分所占的体积。

(2)决定仓库布局应考虑的空间:

①与运输的接口,包括收货与运货接口,关注收发货物的体积和频率;

②按订单进行分拣的空间;

③存储空间;

④其他类空间,包括回收区域、办公区域、后勤区域。

(3)布局与设计原则:使用单层设施;将货物排成直线;使用高效的物料搬运设备;采用有效的存储计划;尽量减少过道所占空间;充分利用仓库(高度、容积)。

6. 仓库的产权决策

仓库自建还是租用可比较六个方面:

(1)可变成本。仓储成本与货物存储量成正比。

(2)固定成本。当存储量较小时最好选择公共仓库;随着存储量增加,采用自营仓库更有效,可将固定成本分摊。

(3)存储量。考虑足够的存储量分摊固定成本,从而使采用自营仓库的平均成本低于公共仓库的平均成本。

(4)稳定的需求。能使自营仓库较为经济地运营的储存量。

(5)市场集中地区。在人口密度小的地区,宜在多个地点采用公共仓库。

(6)控制。自营仓库有利于控制(安全、冷藏及服务控制),采用自营仓库可充分利用空间,可设立多个办公室。

(四)铁路货运仓储管理的强化

铁路货运仓库大多采用传统仓库,设备比较落后,不能满足现代物流仓储需求。铁路货运仓储场所分为仓库和堆场两种,一是普通“白货”堆放的大型仓库;二是散堆装货物及集装箱货物的堆场。大部分是平面堆放,仓库利用率极低。以××货场为例:该货场站区货物线有货一线、货二线、货三线以及Ⅱ道,货一线和货三线是仓库线,主要堆放到达的“白货”,例如化肥、纤维、面粉、玉米等包装“白货”;货二线以及Ⅱ道为堆场,主要堆放散堆装货物,例如煤矿、铁矿等;货三线仓库有八个大门,仓库内面积1 000多m^2,重车集中到达时,仓库无法满足需要,导致重车积压延长停时。另外,仓库内没有明确分区,到达货物堆放在同一个仓库内,只能人为把货物分开堆放,货物隔离效果不好,对货物储存环境的影响也很大;再者,就是装载机具陈旧,机械故障时有发生,严重影响站内装卸车,导致货物仓储紧张。此外,铁路货运在信息技术、仓储设施技术应用上普遍落后于现代物流企业,货物运输信息不能实时追踪,各铁路局集团公司之间的信息不能共享。

1. 顺应市场需求,有效提升市场竞争力

随着社会经济的快速发展和货运市场日益加剧的激烈竞争,铁路货场拓宽物流服务新模式,加快铁路货运向现代物流发展,提高铁路货运市场竞争力,具有重要意义。

伴随公路、航空、水运等其他运输方式的规模化发展,铁路货运市场份额日益下降，铁路货运面临的货源紧张的局势越来越严峻。最直接的因素是铁路货运在物流经济时代，在经营方式和经营范围方面步伐缓慢，现代物流意识薄弱，已不能满足现代物流经济发展需要。

传统的铁路货运模式是“站到站”的运输，这只是现代物流产业链的最底端，与铁路运输在经济社会发展中的地位极不协调。面临经济发展的新常态，铁路货物运输必须转变经营观念和管理机制，主动从市场需求出发，突出服务客户，创新管理机制、业务流程，优化货运组织，完善基础设施建设等，积极发展智慧仓储管理现代物流模式，促进传统货运向现代物流转型。这样，既加快铁路运输发展方式、促进可持续发展的战略举措，进而实现铁路货物运输产业的转型升级，又更好地为客户提供真正意义上的“一站式”物流服务，为吸引更多的货主选择铁路运输方式，提升铁路货运市场竞争力，创造了有利条件。

2. 优化资源，降低运输管理成本，提高运输效率

铁路货物运输中，由于货物种类繁多，管理必然复杂，因此，规划对于物资管理尤为重要。铁路货运部门，可以利用计算机技术对货运商品进行分类建档，然后使用信息化技术来关注货品的地方资源情况，重点需要的地方优先进行配置，先重后轻，紧急需要的，就对这些区域重点配置，利用信息化技术还可以选择就近调配，缩短运输时间。

另外，由于铁路货场现有资源有限，各大货场基本是政府规划建设的，如不有效利用，就会浪费资源。仍以××货场为例：现有仓库货一线和货三线两个，总面积约 2 000 m^2，可堆放货物约 12 车，货物堆码约两层，货物堆垛顶部的空间不能有效地利用。如果建成立体仓库，这将更好地利用仓库的空间资源，提高仓库使用率，从而降低管理成本，提高运输效率。

3. 加强运输仓储智能化建设，确保物资可追踪

目前，铁路运输的货物，只能依赖轨道衡设备或超偏载检测设备对在途运输的货物进行追踪，只有货物到达安装有轨道衡设备或超偏载检测设备的站点才能查到货物所在地，对在途货物做不到实时追踪。加快铁路物流现代化建设，可以依托现代信息技术，对铁路运输货物从承运到交付全程进行监控。首先，要加快建设铁路现代化仓储管理步伐，加快铁路货运信息化发展，这样就可以准确地运输货物；其次，应用物资编码技术对铁路运输的货物的信息进行编码和分类，从货物承运到仓储，到最终交付，形成信息化追踪。

另外，铁路货运信息系统纷繁复杂，相互之间没有很好联通，没有实现数据共享，很多数据重复获取，大大降低工作效率。应将货物信息进行共享，多个系统互相关联，通过多个系统中信息互通，集成铁路货运大数据系统分析，整合种类繁多的技术，进而提高铁路货运工作效率。

4. 加强铁路现代仓储管理人才队伍的培养

铁路货运与现代物流企业的差距，不单单在基础设备和技术上，更重要的是仓储管理观念和人才的差距。要发展智能化、现代化的铁路货运仓储管理，人才是占据首要地位的，懂技术、懂管理的人才不可或缺。铁路仓储服务，关系到整个铁路货运效率，对铁路货运仓储工作人员也提出了更高的标准。要提高员工素质，完善自动化仓储建设管理机制，实现货运仓储高效化。首先，通过大力培训现有货运人员，提高在职人员的个人素质，从人才队伍建设上确保铁路仓储管理的发展；其次，通过引进具有现代管理思想和丰富仓储管理经验的综合型人才，优化职工队伍；最后，要对仓储管理人员开展相关培训，不断提高相关人员的管理

和作业水平。

5. 建设现代化自动化立体仓库，实现多样化管理

自动化仓库是现代物流发展的重要组成部分，它具有节约资源、充分利用仓库空间、降低劳动强度、消除差错、提高仓储自动化和管理水平、提高管理人员素质等优点。铁路货场建立自动化立体仓库，可改变现有铁路货运仓储管理水平低、资源浪费的现状，从而提高铁路货运仓储管理自动化水平，提高铁路货运工作效率。

另外，铁路货运货物种类繁多，包括散堆装货物、批量成件货物、液体货物、集装箱货物以及具有特殊要求的货物等。各品类货物储存保管的条件和环境要求各不相同，要求铁路仓储灵活适应。散堆装货物、集装箱货物储存相对简单，只要有储存区域即可。有些有特殊要求的货物必须区别对待。原有铁路仓储管理基本是散堆或堆码，没有现代化设备，也没有先进的管理理念和技术，对货物的储存保管以及出入库的状态无法做到及时有效的掌管，建立立体化仓库更便于铁路仓储货物的多样化管理。

二、装卸搬运技术

装卸搬运是不同运输过程之间相互转换的桥梁。在整个物流过程中，装卸搬运是不断出现和反复进行的，其出现的频率远高于其他物流活动。装卸搬运作业需占用很多时间和消耗很多劳动，成为影响物流速度和成本的重要因素。

（一）装卸搬运概述

1. 装卸搬运的概念

在同一地域范围内，如仓库内部、车站、工厂内部等以改变货物的存放、支承状态为目的的活动称为装卸，以改变货物的空间位

置为目的的活动称为搬运，两者统称为装卸搬运。有时在特定场合，单称“装卸”或“搬运”也包含了“装卸搬运”的完整含义。如在铁路运输中常将装卸搬运这一整体活动称为“货物装卸”；在生产领域中常将这一整体活动称为“物料搬运”。装卸搬运技术与装备是企业合理组织装卸搬运活动的基础，是提高装卸搬运作业机械化程度的重要保证。

2. 装卸搬运的特点

(1)装卸搬运是附属性、伴生性的活动。装卸搬运是物流每一项活动开始及结束时必然发生的活动，因而时常被人忽视，有时也被视为其他操作时不可缺少的组成部分。

(2)装卸搬运是支持性、保障性的活动。装卸搬运会影响其他物流活动的质量和速度，例如，装车不当会引起运输过程中的损失；卸放不当会造成货物转换成下一步的困难。许多物流活动只有在有效的装卸搬运支持下，才能实现高水平作业。

(3)装卸搬运是衔接性的活动。不同的物流活动在互相过渡时，常常通过装卸搬运来衔接，因而装卸搬运往往成为物流各功能之间能否紧密衔接的关键所在。

3. 装卸搬运的地位

装卸搬运的基本活动包括装车、卸车、装船、卸船，以及入库、堆垛、出库过程中的装载搬运动作，是随运输和保管等活动而产生的必要活动。装卸活动是影响物流效率、决定物流成本的重要环节，这主要是因为在物流过程中，装卸活动是不断出现和反复进行的，它出现的频率高于其他各项物流活动，装卸活动花费时间很长，消耗的人力也很多。因此，装卸费用在物流成本中所占的比重也较高，是影响物流费用的重要环节。此外，装卸搬运操作过程中经常会造成货物破损、散失以及损耗，如袋装水泥纸袋破损和水泥散失主要发生在装卸过程中，玻璃、器皿、煤炭等产品的破裂和破碎主要发生在搬运过程中。

(二)装卸搬运的构成

装卸搬运是物流的主要环节之一，它贯穿于物流活动的全过程。装卸搬运活动的基本动作流程，如图 3-46 所示。

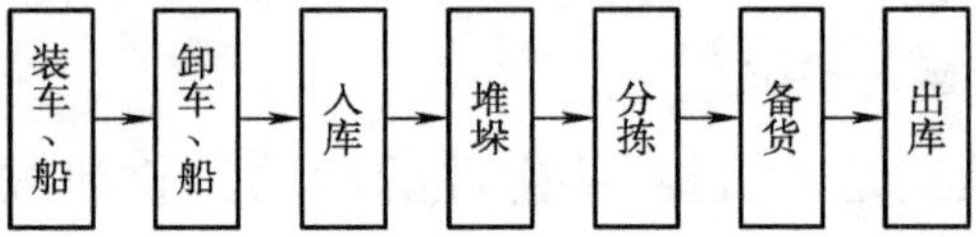

图 3-46　装卸搬运活动的基本动作

装卸搬运活动是随运输和保管等活动而产生的必要活动。具体来说，装卸搬运活动主要包括：装货卸货作业、搬运移送、堆垛拆垛作业、分拣配货作业等 4 种作业内容。装卸搬运技术是指装卸搬运活动中所使用的各种装卸搬运装备和工具，以及由科学理论知识和实践经验发展而成的各种装卸搬运方法、技能与作业程序等的总和，它一般由装卸搬运方式的选择、装卸搬运合理化、装卸搬运装备的运用等内容构成。

(三)装卸搬运合理化

装卸搬运是装卸搬运人员借助装卸搬运机械和工具，作用于货物的生产活动，它的效率直接影响着物流整体效率。为此，科学组织装卸搬运作业，实现装卸搬运合理化，对物流整体的合理化至关重要。

1. 装卸搬运合理化目标

(1)装卸搬运距离短。在装卸搬运作业中，货物装卸搬运不发生位移，应该说是最经济的，然而这是不可能办到的，因为凡是“移动”都要产生距离，移动距离越长，费用越大；移动距离越短，费用越小。所以装卸搬运合理化的目标之一,就是尽可能使装卸搬运距离最短。

(2)装卸搬运时间少。主要指货物从开始装卸搬运到完成装卸搬运的时间少。如果能尽量压缩装卸搬运时间,就能提高物流速度,及时满足生产或顾客的需求,为此应根据实际情况,实现装卸搬运机械化,尽量缩短时间。

(3)装卸搬运质量高。装卸搬运质量高是装卸搬运合理化目标的核心。装卸搬运作业的质量高,是为客户提供优质服务的主要内容之一,也是保证生产顺利进行的重要前提。按要求的数量、品种,安全及时地将货物装卸搬运到指定的位置,这是装卸搬运合理化的主体和实质。

(4)装卸搬运费用省。在装卸搬运合理化目标中,既要求距离短、时间少、质量高,又要求费用省,这似乎不好理解,实际上如果真正实现装卸搬运机械化和物流现代化,装卸搬运费用肯定能大幅度地节省。采取机械化、自动化装卸搬运作业,既能大幅度削减作业人员,又能降低人工费用。为此,应合理规划装卸搬运工艺,设法提高装卸作业的机械化程度,尽可能地实现装卸搬运作业的连续化,从而提高装卸搬运效率,降低装卸搬运成本。

2. 实现装卸搬运合理化的基本途径

(1)防止和消除无效作业。尽量减少装卸次数,减少人力、物力的浪费和货物损坏的可能性;努力提高被装卸物品的纯度;选择最短的作业路线;避免过度包装,减少无效负荷;充分发挥装卸搬运机械装备的能力和装载空间,中空的物件可以填装其他小物品再进行搬运,以提高装载效率;采用集装方式进行多式联运等,都可以防止和消除无效装卸搬运作业。

(2)提高物品的装卸搬运活性。由于货物存放的状态不同,货物的装卸搬运难易程度也不一样。人们把货物从静止状态转变为装卸搬运运动状态的难易程度称之为装卸搬运活性。如果很容易转变为下一步的装卸搬运而不需过多做装卸搬运前的准备工作，则活性高；如果难于转变为下一步的装卸搬运，则活性低。

在整个装卸搬运过程中，往往需要几次装卸搬运作业，为使每一步装卸搬运都能按一定活性要求操作，对不同放置状态的货物做了不同的活性规定，这就是活性指数。通常活性指数分为 5 个等级，从 0 级到 4 级。散放在地上的货物要运走，需经过集中（装箱）、搬起（支垫）、装车、运走 4 次作业，作业次数最多，最不易装卸搬运，也就是说它的活性水平最低，规定其活性指数为 0；集装在箱中的货物，只要进行后 3 次作业就可以运走，装卸搬运作业较方便，活性水平高一等级，规定其活性指数为 1；货物装箱后搁在托盘或其他支垫上的状态，规定其活性指数为 2；货物装在无动力车上的状态，规定其活性指数为 3；而处于运行状态的货物，因为不需要进行其他作业就能运走，其活性指数最高，规定其活性指数为 4。在装卸搬运作业工艺方案设计中，应充分应用活性理论，合理设计作业工序，不断改善装卸搬运作业，以达到作业合理化、节省人力、降低消耗、提高装卸搬运效率的目的。

（3）充分利用重力和消除重力影响，进行少消耗的装卸搬运。装卸搬运使货物发生垂直和水平位移，必须通过做功才能完成。因此在有条件的情况下，可利用货物的重量，进行有一定落差的装卸搬运。例如，可将设有动力的小型运输带（板）斜放在货车、卡车上依靠货物本身重量进行装卸搬运，使货物在倾斜的输送带（板）上移动，这就能减轻劳动强度和能量的消耗。

在装卸搬运时，为提高生产率、安全性、服务性和作业的适应性等，应尽量采用机械装备。同时，要通过各种集装方式形成机械装备最合理的装卸搬运量，使机械装备能充分发挥自己的效能，达到最优效率,实现规模装卸搬运。

(4)保持物流的均衡顺畅。当货物的处理量波动大时会使搬运作业变得困难,但是受运输等其他环节的制约,搬运作业的节奏不能完全自主决定,必须综合各方面因素妥善安排,使物流量尽量均衡,避免出现忙闲不均的现象。

(5)合理选择装卸搬运方式,不断改善作业方法。在装卸搬运过程中,必须根据货物的种类、性质、形状、重量来合理确定装卸搬运方式,合理分解装卸搬运活动,并采用现代化管理方式和手段,改善作业方法,实现装卸搬运的高效化和合理化。

第四节 绿色物流包装技术

一、绿色包装的内涵

绿色包装来源于 1987 年世界环境与发展委员会发表的《我们共同的未来》,到 1992 年 6 月,联合国环境与发展大会通过了《里约环境与发展宣言》《21 世纪议程》,随即在全世界范围内掀起了一个以保护生态环境为核心的绿色浪潮。"绿色包装"(green package)又被称为"环境之友好包装"(environmental friendly package)或生态包装(ecological package)。绿色包装应是对生态环境和人体健康无害,能循环复用和再生利用,可促进国民经济持续发展的包装。随着科技的进步、包装的发展,绿色包装的内容还将有新的内涵。

(一)绿色包装的内涵

绿色包装一般应具有五个方面的内涵:①实行包装减量化(reduce)。包装在满足保护、方便、销售等功能的条件下,应是用量最少为宜。②包装应易于重复利用(reuse),或易于回收再生

(recycle)。通过生产再生制品、焚烧利用热能、堆化肥改善土壤等措施，达到再利用的目的。③包装废弃物可以降解腐化(degradable)，其最终不形成永久垃圾，进而达到改良土壤的目的。reduce、reuse、recycle 和 degradable 即当今世界公认的发展绿色包装的 3R1D 原则。④包装材料对人体和生物应无毒无害。包装材料中不应含有有毒性的元素、病菌、重金属；或这些含有量应控制在有关标准以下。⑤包装制品从原材料采集、材料加工、产品制造、产品使用、废弃物回收再生，直到其最终处理的生命周期全过程均不应对人体及环境造成公害。

(二)绿色包装的分级

绿色包装分为 A 级和 AA 级。A 级绿色包装是指废弃物能够循环复用、再生利用或降解腐化，含有毒物质在规定限量范围内的适度包装。AA 级绿色包装是指废弃物能够循环复用、再生利用或降解腐化，且在产品整个生命周期中对人体及环境不造成公害，含有毒物质在规定限量范围内的适度包装。上述分级主要是考虑首先要解决包装使用后的废弃物问题，这是当前世界各国保护环境过程中关注的问题，这是一个过去、现在、将来需继续解决的问题。生命周期评估法(LCA)固然是全面评价包装环境性能的方法，也是比较包装材料环境性能优劣的方法，但在解决问题时应有轻重先后之分。

(三)绿色包装的标识

1975 年，世界第一个绿色包装“绿点”标识是由绿色箭头和白色箭头组成的圆形图案，上方文字由德文 DER GRÜ NE PUNKT 组成，意为“绿点”。绿点的双色箭头表示产品或包装是绿色的，可以回收使用，符合生态平衡、环境保护的要求。1978 年，德国政府又推出“蓝色天使”绿色环保标识，授予具有绿色环保特性的产品，包括包装。“蓝色天使”标识由内环和外环构成，内环是由联合国的桂冠组成蓝色花环，中间是蓝色小天使双臂拥抱地球状图案，表示人们爱护地球之意。外环上方为德文“循环”标识，外环下方则为德国产品类别的名字。

20 世纪 90 年代，垃圾分类在欧洲已经十分普及，家家户户都用不同的塑料袋进行包装，绿袋装瓶子，蓝袋装废纸，黄袋装铝制品和塑料，褐袋装果蔬垃圾，大街上不同颜色的垃圾桶很多，市民将不同的废弃物分别投入标有不同文字（颜色）的桶中。专家指出，德国产品的安全度、产品质量和产品环保度名列世界前茅，分别居世界第 1 位、第 2 位和第 4 位，其环保贸易额占全球 20%，名列世界第 1 位。

德国使用“环境标志”后，加拿大、日本、美国、澳大利亚、芬兰、法国、瑞士、瑞典、挪威、意大利、英国等国家也先后开始实行产品包装的环境标志。如加拿大的“枫叶鸽”，日本的“爱护地球”，美国的“自然友好”和证书制度，丹麦、芬兰、瑞典、挪威等北欧诸国的“白天鹅”，法国的“NF”标识，奥地利的“生态标志”，印度的“生态标识”，韩国的“生态标章”，新加坡的“绿色标识”，新西兰的“环境选择”，葡萄牙的“生态产品”，克罗地亚的“环境友好”等。

1993 年 6 月，国际标准化组织成立了“环境管理技术委员会”（TC207），制订了像质量管理那样的一套环境管理标准。迄今为止，TC207 委员会已制定了一系列标准（例如 ISO 14000）并颁发实施。美国的企业界、包装界纷纷实施 ISO 14000 标准，并制定了相关的“环境报告卡片”，对包装进行寿命周期评定，完善包装企业的环境管理制度。日本于 1994 年 10 月成立了环境审核认证组织。欧洲共同体 1993 年 3 月提出了《欧洲环境管理与环境审核》，并于 1995 年4 月开始实施。我国一些企业也开始了实施 ISO 14000 系列标准，但与国外相比，还有一定差距。

二、绿色包装的主要手段

(一)从所用材料方面入手

1. 可降解塑料

目前国际上流行的“可降解新型塑料”具有废弃后自行分解消失、不污染环境的优良品质。

德国发明了一种由淀粉做的、遇到流质不溶化的包装杯,可以盛装奶制品,这项发明为德国节省了 40 亿只塑料瓶,其废弃后也容易被分解掉。美国研究出一种以淀粉和合成纤维为原料的塑料袋,它可在大自然中分解成水和二氧化碳。荷兰和意大利等国已立法规定某些塑料包装材料必须采用可降解塑料,有害环境的包装一律不得投放市场。

2. 纸

由于纸制品包装使用后可再次回收利用,少量废弃物在大自然环境中可以自然分解,对自然环境没有不利影响,所以世界公认纸、纸板及纸制品是绿色产品,符合环境保护的要求,对治理由于塑料造成的白色污染能起到积极的替代作用。

目前许多企业已考虑使用中型、重型的瓦楞纸箱或白色板箱来包装,并使用各种防潮保鲜纸张代替塑料薄膜来进行包装。美国已有一半以上的塑料包装改用新型纸张包装。我国的上海嘉宝包装公司引进先进设备研制成纸浆模型,这种产品采用天然植物纤维,如芦苇浆、蔗渣浆、木浆等原料,经科学配方,模压成型而制成。这种纸浆模型是替代泡沫餐具的最理想的产品。

3. 玻璃

如果不含有金属、陶瓷等其他物质,玻璃几乎可以全部回收利用,某一颜色的玻璃中其他颜色玻璃碎片的含量有最大限值:①绿色玻璃中其他颜色玻璃的最大含量不超过15%。②白色玻璃中其他颜色玻璃的最大含量不超过3%,其中棕色玻璃的最大含量不超过2%,绿色玻璃的最大含量不超过1%。③棕色玻璃中其他颜色玻璃的最大含量不超过8%。为此,必须加强不同颜色玻璃的分类收集,在一些发达国家,白色玻璃和彩色玻璃分别用不同的容器收集。由于玻璃包装具有可视性强、易于回收复用的优点,它已成为饮料等产品传统包装的主要容器。

4. 竹

竹包装具有无毒、无污染、易回收等特点。竹包装是指竹胶板箱、丝捆竹板箱等。中国是世界上木材缺乏的国家,但中国的竹林总面积和竹资源蓄积量分别居世界首位和第二位。中国具有浓郁传统文化气息的竹包装已受到美国、日本等国的青睐。

(二)从可重复使用和再生、可食用、可降解方面入手

1. 重复使用和再生

包装的重复使用如推行啤酒、饮料、酱油、醋等包装采用玻璃瓶,反复使用。瑞典等国家实行聚酯PET饮料瓶和PC奶瓶重复使用20次以上,荷兰Wellman公司与美国Holmson公司对PET容器进行100%的回收。如聚酯瓶在回收之后,可用两种方法再生,物理方法是指直接彻底净化粉碎,无任何污染物残留,经处理后的塑料再直接用于再生包装容器;化学方法是指将回收的PET粉碎洗涤之后,用解聚剂甲醇、乙二醇或二甘醇等在碱性催化剂作用下使PET全部解聚成单体或部分解聚成低聚物,纯化后再将单体或低聚物重新聚合成再生PET树脂包装材料。

2. 可食用

几十年来,大家熟知的糖果包装上使用的糯米纸及包装冰淇淋的玉米烘烤包装杯都是典型的可食性包装。人工合成可食性包装膜中比较成熟的是 20 世纪 70 年代已工业化的普鲁兰树脂，它是无味、无臭、非结晶、无定形的白色粉末，是由 α-葡萄糖甙构成的多聚葡萄糖，因而在水中容易溶解，可作黏性、中性、非离子性的不胶化水溶液。其 5%～10%的水溶液，经干燥或热压能制成厚度为 0.01 mm 的薄膜，它透明、无色、无臭、无毒，具有韧性、高抗油性，能食用，可做食品包装。其光泽、强度、耐折性能都比高链淀粉制得的薄膜好。

武汉市的科研人员研制成一种新型的内包装材料可食性包装膜。该产品是由苕干、土豆、碎米等原料经发酵转化成多糖，然后将多糖制成薄膜。该膜是由葡萄糖连接而成的高分子物质，具有可食性、可降解性、无色透明、隔氧性好等特点。作为食品包装膜，其直角撕裂强度、机械强度、透光性等均可达到塑料包装优等膜标准。该膜制成袋后，装奶粉和色拉油不渗漏，并可与奶粉共溶于水一起食用。

3. 可降解

可降解材料是指在特定时间特定环境下，其化学结构发生变化的一种塑料。可降解塑料包装材料既具有传统塑料的功能和特性，又可以在完成使用寿命之后，通过阳光中紫外光的作用或土壤和水中微生物的作用，在自然环境中分解和还原，最终以无毒形式重新进入生态环境中。可降解塑料主要分为合成光降解塑料、添加光敏剂的光降解塑料和生物降解塑料，以及多种降解塑料复合在一起的多功能降解塑料。也有按降解塑料的环境条件分为光降解塑料、生物降解塑料(完全生物降解塑料、部分生物降解塑料)、化学降解塑料(氧气降解塑料、水降解塑料)，以及上述三种降解塑料组成的复合降解材料。

三、绿色包装设计的原则

绿色包装设计，是为了世界经济持续发展、保护生态平衡、保护资源而提出的。因此，绿色包装设计有以下四大原则。

(一)国际原则

国际原则主要是联合国的“五大要求”和世界贸易组织的“三大原则”。

联合国的五大要求，即联合国《里约宣言》中提出的绿色经济可持续发展的战略及五大要求：①人类处于环境与发展的中心，环境与发展密不可分；②为持续发展制定政策，在制定政策，制定社会、经济发展规划和法规时，要将环境与发展作为一个整体考虑；③不损害环境的工业发展和适度的消费规模；④管理目标的优先顺序应适用于环境与发展范畴；⑤加强为发展的资源保护和管理。

三大原则：①持续性原则，即保护环境，保障世界资源共享，持续使用；②协调性原则，即包装与环境保护相互配合，协调发展；③公平性原则，即当代人要考虑后代人的利益，公平使用。

(二)生态原则

在进行环保包装设计时，首先要考虑地球有限的矿产资源、生物资源、能量资源及生态平衡。然后根据 LCA 评估提供的数据选择合适的包装材料、包装方案。国际标准化组织 ISO 在这方面也提出了可行的方案。

(三)3R 原则

我国每年包装废弃物高达 2 000 多万 t，因而这是环保包装工程设计的一个重要方面。在包装“出生”时就要安排好包装废弃物的“后事”或减少包装，或回收再用，或加工再用，或生产其他产品的途径或方法，以构成一个完美的包装废弃物的良性循环，减少对环境的负荷（影响）。包装材料、辅料（如黏合剂、缓冲泡沫等）能减则减，可省则省，能代就代；包装容器应有材料标识符号，便于回收再用；包装废弃物尽可能回收再生应用，减少一次性包装。

（四）评估原则

对包装进行多方面评估是全球性的发展趋势，特别是生态寿命评估。进行绿色包装设计时，对包装进行生态寿命评估既是形势所迫，又是生产持续发展的需要，更是发展国际贸易的必备条件。ISO 14000 国际标准明文规定，凡是国际贸易产品/包装商品必须进行环境认证和生态寿命评估，并使用环境标志，由此可见评估的重要。

总而言之，绿色环保包装设计：一要关注世界“环境与发展”，与其同步进行；二要关注所耗材料和能量对自然环境资源的影响；三要关注释放到环境中的废弃物对环境的影响程度，即环境承受能力；四要关注包装与环境保护的环境成本，以保证我国绿色经济和绿色包装的持续发展。

四、基于物流的绿色包装策略

（一）强化绿色包装意识

目前不少企业在对产品进行包装时仍然较多地把注意力集中于对商品使用价值的保护上，而对环保问题却很少考虑。在“绿色浪潮”席卷全球的今天，企业应树立绿色营销观念，进一步认清绿色包装在国际流通领域中的地位和作用。应该清醒地认识到发展绿色包装不但可以降低能耗和物耗，降低成本，减少污染，而且可以提高企业形象，增加消费者对企业的认同感和信任感，从而提高产品的国际竞争力。

(二)充分利用可回收容器

我国人口众多,包装废弃物总量高,给生态环境造成严重污染。我国还是发展中大国,人均资源不足,而废弃物利用率却很低,纸的回收率仅为15%。为解决这一问题,在物流包装中应广泛采用可回收容器。可回收容器一直是物流系统的一部分,大多数可再利用的包装品为钢或塑料包装等。不过,有一种趋势是,对于许多小物品及零件,例如调料,也使用可回收保障材料运输于各厂之间以及仓库到零售商店之间。可回收包装的使用越来越普遍,它们有一个共同点:均有一个完整的标记系统以控制容器的流转。在可回收包装系统中,各方必须明确地使用这种标记以达到容器的最大化使用;否则,容器会丢失、误放或被遗忘。

(三)工业物流成组化

工业包装,通常将个别商品和零部件箱、包、盒和桶成组化以提高操作管理的效率。这些容器用来使零散商品成组化,组成MCS(master carton),当MCS成组为更大的单元时,就称作集装化或成组化。成组化基本方法包括刚性容器形成单位载荷的成组化方法和承载工具的成组化方法。集装化包括了从将两个MCS捆在一起的成组化到使用专门的运输设备成组化的所有形式。所有类型的集装化都有一个基本目的,即提高材料搬运的效率,并能节省包装能源,防止产品泄漏和污染环境,从而达到绿色包装的目的。

(四)加强绿色包装的设计研究

从我国的出口包装上看,存在的问题是材质差、衬垫不良、运输捆扎不合理和外观不清洁以及卫生标准不过关等。面对国际市场上的绿色包装要求,必须大力推进包装科技的开发。我国纸的成本高于塑料,使包装的环保要求与企业利益发生矛盾,环境保护与经济增长之间产生矛盾。解决这一矛盾就必须增大科技含量，改进技术，降低成本。目前我国塑料、橡胶等工业发展很快，新生原材料一直在降价，而再生企业回收利用技术落后，加之收集运输费用居高不下，造成成本越来越高，二者之间的差价越来越小。因此，要不断致力于新技术、新工艺的研究开发与利用上，加快改进回收利用技术，降低再生原料成本，开发研制绿色包装材料，以便在更远的将来更有力地占领市场。

(五)在环境标志方面向国际靠拢

ISO 14000 环境管理体系国际标准规定对不符合该标准的产品，任何国家都可以拒绝进口，从而使不符合标准的产品被排除在国际贸易之外。我国符合环境标志制度的产品种类较少，远不能满足对外贸易发展的需要，只有顺应这一国际潮流，采用积极有效的手段迎头赶上，才能从根本上保护我国的外贸利益。还应及早研究国际环境标准，可以通过行政立法程序将该国际标准转化为国家标准，在全国范围内推广使用，与该国际标准有关的国内配套法规亦应尽早制定。

五、绿色标志

(一)绿色标志的定义及特点

1. 绿色标志的定义

绿色标志(green label)，也称环境标志(environmental label)、生态标志(eco label)，是指由政府管理部门，或由公共团体依据一定环境保护标准、指标或规定，向有关的自愿申请者颁发其产品或服务符合要求的一种特定标志，标志获得者可以把标志印在所申请的产品及其包装上。绿色标志是对产品的环境性能的一种带有公正性质的鉴定，是对产品的环境质量(相对于其他同类产品而言)全面的评价，它向消费者表明该产品或服务与其他同类产品、服务相比，从研制、开发、生产、使用、回收利用到处置的整个过程符合环境保护要求，不危害人体健康，对环境无害，或损害极少，有利于资源的再生和回收利用。其基本目的是引导消费者在做出采购决策时更多地考虑获得绿色标志的产品，从而有利于提高消费者的环境保护意识，也可促使制造商生产出更多对环境有利的产品，这是调动公众参与环境保护的一种很好的方式，最终有利于保护环境。

2. 绿色标志的特点

(1)证明性。它主要是为了向消费者证明该产品或服务不仅质量符合标准，而且对生态系统及人类健康无危害或危害极小。

(2)权威性。绿色标志是由政府管理部门或民间团体制定的，并且得到政府的承认和保护，这必然使它具有权威的地位。

(3)专证性。一种产品获得绿色标志认证后，并不意味着该厂商生产的其他产品也符合该种绿色标志认证。

(4)时限性。各国的环境标志一般规定 3～5 年内有效，超过这个时限，企业就必须重新申请才能获得。企业必须时时用绿色标志的标准来约束自己的产品，否则将被淘汰出市场。

(二)绿色标志的作用

1. 绿色标志对企业的作用

(1)有利于生产者树立全新的环境管理思想。促使他们根据市场导向，自觉调整产品结构、产业结构，开发和采用新技术、新工艺，鼓励他们开发有利于环境或可降低环境污染的产品，把环境因素渗透到他们的产品“从摇篮到坟墓”的整个过程中，利于调动企业参与环境保护事业的主动性。

(2)强化绿色产品的生态特征，提升标志产品的形象，促进销售。

(3)有利于产品的差异化,在市场上赢得竞争优势。

(4)有利于提升企业形象及企业的产品形象,从而赢得消费者的信任和青睐。

(5)使企业有合适的方式向消费者提供准确的信息。由于获得环境标志的产品通过了有关机构严格的环境质量评估,有助于这些产品树立崭新的形象,同时使消费者较易辨认这些产品,这一方面可以促进其销售,另一方面将使那些有害于环境及通过虚假、骗人的广告而自称对环境有益的产品的市场越来越小。

(6)可以减少政府不必要的行政干预,甚至获得政府的大力支持。绿色标志制度的实施,有利于减少政府对环境保护事业过多的行政干预,使之更多地运用市场这只"看不见的手",把生产者的经济效益与环境效益紧密地联系在一起。

2. 绿色标志对消费者的作用

(1)便于消费者在购物时辨别绿色产品,减少不必要的麻烦。

(2)有利于增强环保意识,满足绿色消费需求。

(3)有利于提高消费者的保护意识,保护消费者的合法权益,防止多花钱买假绿色产品。

(4)有助于获取准确的信息。绿色标志可为消费者提供一个易理解、经过权威机关审查的有关环境性能的公正评价。

3. 绿色标志对国家的作用

(1)利用绿色标志来加强消费者对绿色产品的认识,提高消费者的环境保护意识。环境标志与消费活动结合起来,可以增强消费者对这些可减轻环境压力产品的注意力,引导消费者购买这些产品,激发人们通过购买行动来参加和支持环境保护活动。绿色标志使商店的产品陈列货架成为环保课堂,消费者在日常购物活动中就时时接受环保教育,有助于提高消费者意识,促进其消费模式的转变,从而有利于整个国家的经济建设和精神文明建设。

(2)规范市场竞争秩序。绿色市场是一个新兴的市场,竞争已逐渐激烈,但尚未规范,假冒绿色产品较多。而绿色标志为厂家提供了一个客观公正的评价,向消费者提供了一个准确可靠的信息,保护了消费者以及厂家的合法利益,有利于公平的竞争。

(3)有利于国家指导产品制造者将环境因素贯穿到整个产品的开发过程中,推动生产模式的转变,促使厂家在改变产品的环境形象上下功夫;促进清洁生产技术的推广;促进企业树立全新的绿色营销、绿色物流观念。

(4)有利于国家的可持续发展。

(5)促进国际竞争力。在国际贸易中打破绿色贸易壁垒,促进国际贸易的顺利进行。当然,绿色标志的最终作用在于其对环境保护的意义,通过广大消费者的绿色消费活动,企业的绿色营销、绿色物流活动,及国家的科学持续发展战略,这一切皆有利于环境保护。

(三)国外环境标志发展经验

环境标志自起源至今近 50 年,已在全球范围得到广泛发展。

1. 区域环境标志统一。随着区域性环保合作的加强,国外已由单个国家的环境标志发展到多国共同的环境标志,环境标志的统一避免了各国因环境标准不同而引发的贸易摩擦。

2. 国外环境标志产品的开发重点主要集中于低毒、低害、可回收利用和低排放等类产品。

3. 国外环境标志的迅速发展与公众较高的环境意识有关。环境标志产品的大量使用与宣传,将会引导社会向有利于环保方向发展,进一步提高公众的环境意识,使更多的人具备绿色消费意识与环境道德观念。

4. 国外政府在环境标志制度中起着积极作用。国外政府的积极参与推广,加强了环境标志的管理,确保了标志的可靠性,增加了标志的置信度和透明度,更重要的是从法律上和资金上保证了环境标志制度的顺利实施。

5. 国外环境标志制度实施产生明显的环境效益,减少了污染废物、生活垃圾,绿色消费观念和环境道德观念逐步形成,企业积极参与环境标志制度,树立了良好的环保形象,提高了产品知名度,由此获得丰厚的经济效益。

(四)我国环境标志制度的发展

为利于参与国际间贸易交流,我国于1992年联合国环境与发展大会后开始了环境标志工作。1993年正式确立了环境标志图形,为环境标志的商标保护提供了法律保证。1994年5月成立的中国环境标志产品认证委员会,是代表国家对环境标志产品实施认证的唯一合法机构,从而使我国环境标志产品有了组织保证。国家环境保护局与国家技术监督局联合举办了环境标志产品国家注册检查员培训班,使环境标志制度的开展有了人员保证。1995年3月有6类18种产品首批获得环境标志,到1999年公布的环境标志可认证产品有22类,80多家企业的200多种产品通过环境标志产品认证。为便于与国际接轨,我国环境标志产品认证侧重于可回收利用类,节能、节水类,低毒、低污染类,可生物降解类,无公害产品类。

我国环境标志制度采取的是企业自愿申请认证和认证的强制管理相结合的方式。环境标志的申请是自愿的,但企业一旦申请认证,就必须按认证的有关要求进行。为了使贴在产品上的环境标志更具有说服力和代表性,我国采取的是标志产品认证委员会领导下的认证制度。企业产品在质量符合其使用功能的前提下,经产品测试符合环境标志产品技术要求，环境管理体系能满足企业持续稳定生产出符合要求的产品的条件下，才能通过环境标志产品认证。企业自愿认证与认证强制性管理相结合，既体现了社会主义市场经济条件下自由竞争的特点，又体现政府的宏观调控作用，有益于调动企业采用新技术、新工艺和开展环保工作的自觉性，也有利于提高环境标志的信誉。

六、绿色认证

（一）ISO 14000 系列认证标准的框架及特点

绿色认证制度是世界环保运动迅猛发展下的产物，1992 年联合国环境与发展大会之后，环境标志制度的实施达到高潮，据不完全统计，到 2000 年为止采用这一制度的国家或地区已有 40 多个。不仅如此，绿色认证的范围越来越大，针对性也越来越强。除一般性的环境标志外，各国实行的绿色认证还有节能标志认证、节水标志认证等。

1996 年，国际标准化组织正式颁布 ISO 14000 环境管理系列标准，从而使绿色认证向国际通用性和权威性方向发展。ISO 14000 系列标准的宗旨是通过建立、实施一系列环境管理体系，达到“全面管理，污染预防，持续改进”的目的，通过环境标志对企业的环保行为加以确定，以推动有益于环境的产品的发展，达到企业自觉改善环境、保护环境的目的。ISO 14000 系列标准适用于一切企业的新环境管理体系，它是一张企业进入国际市场的绿卡。其中 ISO 14001 被称为国际贸易中的“绿色通行证”。

1. ISO 14000 系列标准的框架

ISO 14000 系列国际标准是国际标准化组织汇集全球环境管理及标准化方面的专家，在总结全世界环境管理科学经验基础上制定并正式发布的一套环境管理的国际标准，涉及环境管理体系、环境审核、环境标志、生命周期评估等国际环境领域内的诸多焦点问题，旨在指导各类组织（企业、公司）取得和表现正确的环境行为。ISO 14000 系列标准共分七个系列，其标准号从 14001 至 14100，共 100 个标准号，统称为 ISO 14000 系列标准，见表 3-9。

表 3-9　ISO 14000 系列标准

系列代码	名　　称	标准号
SC1	环境管理体系（EMS）	14001—14009
SC2	环境审核（EA）	14010—14019
SC3	环境标志（EL）	14020—14029
SC4	环境绩效评价（EPE）	14030—14039
SC5	生命周期评估（LCA）	14040—14049
SC6	术语和定义（T&D）	14050—14059
WG1	产品标准中的环境指标	14060
备用		14061—14100

ISO 14000 环境管理系列标准的框架，是一个结合企业管理体系的环境管理方式，它改变了过去那种由政府强制政策、企业被动执行的环保管理方式，把环境和资源保护与贸易有机结合起来。其主要构架为如下五个子系统。

（1）环境管理体系（EMS）

环境管理体系工作重点是制订系统标准，以作为认证的依据。作为一个系统化的操作系统，希望企业通过自行制定环境方针（政策）、环境目标和环境计划，测定环境变数，检查目标，沟通再改进。

（2）环境审核（EA）

环境审核即环境审核与环境检测系统。企业以系统的方式，全面分析其产品、服务、活动等对环境造成的影响。在这一过程中，企业将发现问题，再界定企业自身的环保政策或目标，进一步拟议修正计划以达到目标。

(3)环境标志(EL)

环境标志即实施环境标志制度。通过环境标志制度对企业的环境行为加以确认，通过标志图形、说明标签等形式向市场展示标志产品与非标志产品环境行为的差别，推荐有利于保护环境的产品，达到影响企业的环境决策，改善组织环境行为的目的。目前有以下三种类型的环境标志：Ⅰ类为生态标志，即一般世界各国或国际间所采用的环保标志制度，通常由政府或政府所支持的非营利私人组织推动，有一定的申请标志及制度。Ⅱ类为自我声明的信息标志，系制造商、进口商、经销商或零售商在产品或包装上利用文字、标本、标志、图表做有利于环保的宣传，即针对有关产品的环保自我宣示规范。Ⅲ类为产品环境质量标志，系私人验证机构与申请厂商签约，经过测试核发使用的环境标志，它以数值指标的形式表达企业所生产产品的环境质量。

(4)环境绩效评价(EPE)

环境绩效评价即建立一套程序，用以测量、分析、评估及描述组织的环境绩效，并与原定的管理标准比较，以确保企业的环境管理体系符合 ISO 14000 系列标准要求或法律法规。

(5)生命周期评估(LCA)

生命周期评估即用科学的方法，进行系统的清查及盘点活动，对产品及服务在生命周期(原料的获得、加工制造、流通、使用、废弃物处理到再利用的全过程)中所使用的能源、资源及排放对环境的污染，加以量化评估，以了解对环境产生的冲击。要求企业实现全过程控制，达到减少资源的浪费，杜绝或减轻污染的目标。

2. ISO 14000系列标准的特点

这一系列标准与我国制定的环境质量、污染物排放等标准不同，是一个在国际上通用的标准，是一个管理性标准，它具有以下特点。

(1)以消费者行为为标本动力。以往的环境保护工作是由政府推动的，依靠制定法规、法令来强制企业执行。ISO 14000系列标准强调的是非行政手段，用市场、用人们对环境问题的共同认识来达到促进生产者改进其环境行为的目的。环境意识的普遍提高，使消费已超过法律成为环境保护的第一动因。

(2)自愿性的标准，不带任何强制性。企业建立环境管理体系、申请认证完全是自愿的。出于商业竞争、企业形象、市场份额的需要，在企业内部实施ISO 14000系列标准，并以此向外界展示其实力和对保护环境的态度。

(3)没有绝对量的设置，以各国的法律、法规要求为基准。整个标准没有对环境因素提出任何数据化要求，强调了体系的运行以达到设定的目标、指标，并符合各国的法规要求。

(4)强调持续改进和污染预防。要求企业实施全面管理，尽可能把污染消除在产品设计、生产过程之中，并且要求企业注重进一步改进提高，环境行为持续改进。

(5)标准强调的是管理体系，特别注重体系的完整性。要求采用结构化、程序化、文件化的管理手段，强调管理和环境问题的可追溯性，体现出整体优化的特色。

(6)标准强调了生命周期应用。对产品进行“从摇篮到坟墓”的分析，较全面地覆盖了当代的环境问题。从产品设计入手，以从根本上解决由于人类不当的生产方式和消费方式所引起的环境问题。

(二)我国企业的绿色认证

1. 我国企业实施 ISO 14000 系列标准存在的问题

目前我国企业建立环境管理体系,实施 ISO 14000 系列标准还存在着许多问题和困难,需要大力克服和积极争取。

(1)企业环保意识较差,对绿色管理的重要性认识不足

企业缺乏绿色意识,没有把环境保护与经济建设放在同等重要的位置。企业将满足环保法规作为环保的唯一目标,认为只有三废排放不达标才是环境问题。上级要求怎么做就怎么做,企业完全是为了完成任务,没有从环境管理与污染处理中寻找效益。大部分企业仍把环境保护视为单纯的污染防治及额外的成本负担,通常认为只要防止无谓浪费与降低污染物产量,达到污染物排放标准及环境品质标准,即满足了环保的要求,而没有以“环境保护”为目的。企业没有预防重于补救的经营理念,仍处于政府强制和法规导向型的环保理念中,认为环境保护与企业经济发展此消彼长。企业还没有转到企业本身自行实施和经济诱因导向方向上来,没有形成环境保护与企业发展相辅相成的经营理念,绿色管理处于被动之中。当前我国面临的资源和环境问题日益突出,企业作为社会经济活动的基本单位,必须在节约资源和保护环境方面承担社会责任。也就是说,企业应改变现行的不可持续的生产经营方式,通过实施绿色管理,使自己的经济行为同自然环境、社会环境的发展协调起来。

(2)绿色管理体制不健全

我国目前实行的是污染口控制,即末端管理,而不是全过程控制。我国虽已建立以“预防为主”的一系列管理制度,实际上对企业污染物的排放仍然只能做到“末端控制”,或者说是“末端控制下的预防”。譬如环境影响评价制度,在实际运用时,只是对建设项

目建成后排放污染物和污染处理设施进行评价，并未将污染物产生源头的控制作为重要内容；“三同时”的重点也只放在污染物处理设施的建设和运行上，仅仅满足于“达标排放”而已；至于其他的制度均以“排放控制”作为基本内容和要求。这些制度的缺陷是，他们都属于在危害发生后再实施的环境措施，而非全过程积极的污染预防，污染防治与企业生产脱节。企业选择高成本而低效率的末端治理，消极适应环境法规的有关要求，而生产全过程控制及产品生命周期生态化管理，在企业发展战略选择中基本上是空白。

(3)经济实力不足，技术水平有待进一步提高

企业对 ISO 14000 系列标准及相关技术还缺乏了解，缺少清洁生产工艺的开发和研究，对生命周期评估的研究才刚刚开始，目前尚处在学习和探索之中，缺乏实际运作示范。环保投入被当作是一种额外投资，环保资金常常不能到位。环境管理体系的有效运作不仅仅依靠文件系统，它还要求有坚实的物质技术基础，否则将使环境管理体系只是停留在文件化的形式上，不能产生真正的效用。这样就要求企业在建立环境管理体系时必须具备进行绿色管理的技术设备基础，如果企业没有物质技术基础，就必须投巨资添置所需设备、培训技术人员。另外，取得环境管理体系认证也将耗费大量资金。同取得质量体系认证所需费用相比，取得环境管理体系认证的费用约是前者的三四倍。所以，财力及物质技术条件是制约企业建立环境管理体系的重要条件。当前我国部分国企建立环境管理体系的财力和物质技术基础有待提高。一些民营企业由于没有社会负担，技术设备比较先进，经营状况比较好，基本具有建立环境管理体系所需的财力及物质技术条件。还有一些外资企业由于资金雄厚，具有建立环境管理体系所需的财力、物力条件。

2. 建立和实施 ISO 14000 系列标准的策略

(1)重视污染预防和清洁生产

污染预防是实施环境管理体系的一个指导思想。预防是环境管理全过程的“上游”,从污染的产生源头去预防污染,以减少对人类和环境的风险。

清洁生产是一种兼顾经济效益和环境效益的最优生产方式。它可以最大限度地减少原材料和能源的消耗,变有毒有害的原料或产品为无毒无害,对环境和人类的危害最小。这样在生产过程中就可以控制大部分污染,消灭工业污染的来源,从根本上解决环境污染与生态破坏的问题,带来很高的环境效益,是可持续发展的具体表现和必由之路。同时,清洁生产可以在技术改造和工业结构调整方面大有作为,工业企业实施清洁生产也有利于改造粗放型的生产模式,在技术与设备等方面的国际贸易与合作也日趋活跃,能够创造显著的经济效益。

虽然清洁生产在我国取得了一定的成效,但在我国现行的经济体制和生产水平下,推行清洁生产还有许多障碍,例如观念上的障碍、组织机构上的障碍、技术的障碍、经济条件的障碍、政策障碍等。工业企业应把全面推行清洁生产作为工作重点,克服诸多障碍,加大清洁生产观念的宣传力度,在企业中普及清洁生产知识;建立专门的清洁生产领导机构协调指导清洁生产活动;广泛开辟资金渠道,多渠道筹集资金;调动一切因素,解决技术难题。企业也只有全面推行了清洁生产才能达到环境管理体系的要求,也只有通过环境管理体系才能更好地推进清洁生产。

(2)建立环境会计制度

所谓“环境会计”,就是用货币金额来明确显示实施环境措施需要多少成本和通过实施环境措施能获得什么样的经济效益、社会效益和生态效益,其具体指标包括:①污染治理费用等成本;

②废弃物综合利用费用等成本;③企业内部的环境教育费和宣传教育费等管理活动成本;④通过社会活动为环保作贡献的社会活动成本;⑤因事故而使环境遭到破坏时,恢复环境需要的环境补偿成本等。归纳起来,主要内容可分为三部分:①自然资源损耗成本;②环境污染成本;③企业资源利用率和生产环境代价的评估。并建议以此来计算成本,在产业界推广。工业企业环境管理体系要求企业建立环境会计制度,促进企业不断改进,用一定的成本或更少的成本带来更大的效益。

(3)加强宣传和人员培训,强化全员意识

人员培训是基础,并且培训普及面要广,做到人员不同,培训重点不同。环境管理体系最重要的思想,就是要牢固建立预防、控制、监督与监测的思想,其中,预防是环境管理体系的核心,而且每个管理要素都与它息息相关。而进行培训就是为了提高全体员工的绿色意识和环保技能,以防止发生偏离于绿色方针、目标和指标的活动。

员工的环保素质、能力是绿色管理体系运行成败的关键。组织通过不断地对员工进行环境保护基础知识、ISO 14000 系列标准等方面知识的培训,使全体员工绿色意识不断加强,能在生活和生产中对自己的行为进行有效的自我约束。

企业的环境问题在很大程度上是管理的问题,管理不力的症结又在于绿色意识不强,管理者不能够意识到其管理上的疏忽对环境的严重影响,操作人员也不了解由于操作失误可能带来的后果。另一方面,不同层次的管理、技术、操作人员所需要掌握的知识、技能不同。因此,组织应确认各层次的培训需求,制定相应的培训方案,并实施全员培训。

(4)开展生命周期评估

生命周期评估是一种评价产品、工艺过程或活动,从原材料获取到加工、生产、运输、销售、使用、回收、养护、循环利用和最终处理等整个生命周期系统环境影响的过程。它是环境管理和决策的重要工具之一，也是企业实施环境管理体系的基本过程。企业在建立环境管理体系时，要按 ISO 14000 系列标准的思想和要求，对产品或过程全部生命周期进行环境规划，使企业的环境管理和具体行动直接渗透到产品的生命周期过程中，以推动污染预防的实施和环境表现的改进。另外还要鼓励承包方和供方也建立环境管理体系，切实实现生命周期的全过程管理，使全社会环境得以改善。

(5)持续改进

持续改进是 ISO 14000 系列标准的灵魂。ISO 14000 系列标准总的目的是支持环境保护和污染预防，协调它们与社会需求和经济发展的关系。这个总目的要通过各个组织实施这套标准才能实现。就每个组织来说，无论是污染预防还是环境绩效的改善，都不可能一经实施这个标准就能得到圆满解决。一个组织建立了自己的环境管理体系，并不能表明其环境绩效如何，只是表明这个组织决心通过实施这套标准，建立起能够不断改进的机制，通过坚持不懈地改进，实现自己的环境方针和承诺，最终达到改善环境绩效的目的。它没有对最高限值提出要求，而主要是强调企业的环境保护与污染预防要不断完善与改进，做到开放式的螺旋上升；它也是一种自评自比的改进模式。建立环境管理体系，应该树立持续改进的思想，对体系进行不断修正和完善，以达到改善组织环境表现的目的。

第五节 防尘抑尘技术

一、煤炭抑尘技术

2018 年，习近平总书记主持召开中央财经委员会第一次会议提出:“打好决胜全面建成小康社会三大攻坚战”,会议强调防范化解重大风险、精准脱贫、污染防治。

(一)煤炭抑尘工作背景

2018年,中国铁路总公司发布多个关于煤炭抑尘工作的指导文件:《中国铁路总公司货运部关于开展煤炭运输抑尘达标活动的通知》(货管电〔2018〕25号)、《中国铁路总公司货运部关于开展煤炭运输抑尘达标“回头看”活动的通知》(货管电〔2018〕141号)、《中国铁路总公司关于开展铁路煤炭运输抑尘专项整治工作的通知》(铁总货电〔2018〕107号)。

(二)煤炭抑尘文电依据

行业标准及煤炭抑尘文电:《铁路煤炭运输抑尘技术条件　第1部分:抑尘剂》(TB/T 3210.1—2020)、《铁路煤炭运输抑尘技术条件　第2部分:喷淋装置及方法》(TB/T 3210.2—2009)、《铁路煤炭运输抑尘作业技术条件》(铁运函〔2009〕818号)、《铁路煤炭运输抑尘管理办法》(铁总货〔2018〕169号)。

(三)煤炭抑尘重点内容

1. 概念

煤炭抑尘指按照国铁集团规定,通过向煤炭表面喷洒抑尘剂,抑尘剂在煤炭表面均匀渗透,将煤炭大小颗粒黏结在一起,形成一定厚度、一定强度和韧性固化层,从而有效防范煤炭在运输过程中产生扬尘的过程。

2. 范围

凡经国家铁路使用敞车、35 t敞顶箱、干散货箱等敞口运输工具装运的粒度在35 mm及以下的散装煤炭,未采取苫盖篷布等遮盖措施的,必须进行抑尘处理。

3. 原则

铁路煤炭抑尘坚持“谁装车、谁负责”的原则。

4. 职责

(1)铁路局集团公司，是管内抑尘业务主管部门，负责落实国铁集团抑尘管理有关规定和标准，制定管内抑尘实施细则；负责抑尘作业点的布局规划、选址、设备设施配置和选型等工作，组织抑尘作业点建设的技术方案评审和验收工作；指导抑尘设备运用单位开展抑尘作业管理、设备管理、应急处置等工作；组织抑尘业务管理人员培训，指导开展抑尘作业人员培训；负责日常监督检查、统计分析及考核；按照管理权限参与涉及抑尘作业事故和问题的调查处理。

(2)铁路货运中心(运输站段)制定本单位抑尘管理实施细则、补充规定及作业指导书，明确作业细则、操作规程、安全与质量控制、设施设备管理、作业联系制度等内容，执行抑尘作业标准，检查监督本单位抑尘喷洒质量；负责本单位抑尘作业点的人员培训、作业统计、成本控制等各项管理工作；参与抑尘作业点选址、技术方案评审、设备选型、安装和其他协调工作；负责对非铁路单位抑尘作业质量日常监督管理工作，与有关单位签订相关协议，明确抑尘责任、质量标准及未达标处置方法；按要求建立管内抑尘设施设备管理台账；将作业流程、作业标准、联系及信息沟通制度、安全制度、应急预案等抑尘有关要求纳入货运管理细则；督导抑尘作业点严格执行抑尘有关管理办法和作业要求，做好人员、设备、作业、安全、质量、统计、培训、成本控制等各项日常管理工作。

5. 目标

实现“六达标”：抑尘管理达标、抑尘设备设施达标、抑尘剂配置达标、抑尘剂喷洒质量达标、抑尘作业环境达标、抑尘作业人员素质达标。

（四）喷洒设备

抑尘喷洒设备分为固定式喷洒设备和移动式喷洒设备，固定式喷洒设备分为龙门式、摆臂式、对喷（侧喷）式等，移动喷洒设备适用于不具备建设固定设备条件的装车站点。

（五）抑尘剂

选用的抑尘剂应符合行业及国铁集团有关标准和要求，并经具有国家资质认定（CMA）、实验室认可（CNAS）等资质的专业机构检验合格，严禁使用过期的抑尘剂原料。

抑尘剂必须附有产品合格证，包装应符合相应的包装标准。包装上的标识应清晰标注产品名称、生产厂名称、批号、适用的货物品名、生产日期、检验员编号、主要成分和保质期等。

要求：①抑尘剂应整齐码放在干燥通风的场所，做好防水、防潮工作。②抑尘剂配制比例应不低于产品说明书规定的配比要求，充分搅拌，完全溶解。配制完成后应进行黏度测试，必须符合抑尘剂黏度技术指标方可使用。

（六）喷洒作业

固定喷洒设备喷洒作业时，货车运行速度控制在 5～10 km/h。

移动喷洒设备喷洒作业时，应首先确认车列处于完全静止状态，移动喷洒设备行驶速度不大于 10 km/h，匀速行驶并与货车侧面保持 500 mm 以上的安全距离。

1. 喷洒量

煤炭单位表面积抑尘剂喷洒量不低于 2.2 L/m^2。每车喷洒量＝装车后煤炭表面积×煤炭单位表面积抑尘剂喷洒量。主型敞车抑尘剂喷洒量见表 3-10。

表 3-10　主型敞车抑尘剂喷洒量

车　型	60 t、61 t 敞车	70 t 敞车	76 t、80 t 敞车
喷洒量	≥80 L/车	≥83 L/车	≥70 L/车

2. 喷洒效果

实现对每辆煤炭车辆足量、均匀喷洒，喷洒后煤炭表层形成的固化层厚度大于等于 10 mm。

喷洒时有效避让钩挡，不得喷洒到车号等货车标识，不得影响轨道电路及工务设备正常运用。

二、节能环保储煤技术

煤炭储存过程中产生的各种大气污染物是我国大气污染的重要组成部分，封闭料场储煤系统是我国适应环保要求的发展方向。

1. 传统条形煤场（斗轮堆取料机）

传统条形煤场在电厂、港口、钢厂占 95%以上。斗轮堆取料机有悬臂式和门式两种。悬臂式堆取料机作业范围大，满足大堆煤、大储量要求，在电厂、港口、钢厂中应用广泛。门式斗轮堆取料机的储量较小，多用于储煤量不大的或场地较小的一些中小型电厂、钢厂。传统煤场配备堆取料机方案被广泛采用，具有丰富的运行经验；煤场设备国产化程度高，费用低；露天煤场，散热快，有利于防治煤自燃。但存在煤场占地面积大，煤场利用率不高和受自然环境影响大的问题；风雨季节煤的损失严重，而且影响配煤质量。如果传统煤场采用全封闭，一般堆煤高度在 15 m 以下，因此相应的煤场封闭面积较大，导致造价高昂，在工程实践中因技术经济性太低而没有得到推广。

2. 圆形封闭料场

圆形封闭料场适用于环保要求较高，场地相对较小的电厂、钢厂。圆形煤场与条形煤场相比，具有以下优点：煤场占地面积小、场地利用率高；全封闭结构环保性能好，布局美观，物料不受气候影响；设备先进可靠，自动化程度高，堆取料作业为全程序控制，利于减员增效；取料机沿煤堆面俯仰、回转取料，基本可将煤场取净，辅助工作量小。缺点主要表现在：设备配置较复杂；中心柱及地下结构施工工期较长，施工管理不便；设备、土建综合造价较高。

3. 大型智能筒仓储煤系统（简称欧罗仓）

由于我国超大型煤炭仓储方面起步较晚，目前基本没有 80 000 t 级以上的超大型煤炭仓储设施。国际上以荷兰的 ESI 公司最为著名，其相关产品广泛应用于世界各地，但还没有进入中国市场。欧罗仓的核心为大容量平底筒仓，目前在国内基本不采用。欧罗仓系统是一个封闭式的燃煤仓储系统，它属于一种特殊的筒仓，在国外有比较多的应用，其良好的环保效应已得到了广泛共识，其系统原理基本与筒仓类似。欧罗仓的型式采用双边回转桥式横梁悬吊在筒仓顶部中心并由起重机支架支撑。螺杆传送系统为单边结构，通过钢丝悬挂在回转桥式横梁上，该螺杆传送系统由两部螺旋钻组成。欧罗仓系统的关键设备有初碎机、带驱动的回转梁、伸缩槽、绞盘系统、带轴承和驱动的螺旋钻、卸料器、电力控制系统、通风系统、除尘系统等。欧罗仓完全满足环保要求，很大程度上满足了动态配煤的操作要求，与其他燃煤存储系统相比，维修费用的估算更为经济，燃煤损失小，无地下水污染，原煤的氧化最小，但价格较为高昂。

(1)大型智能筒仓储煤系统进料过程

欧罗仓系统是一个封闭式的燃煤仓储系统，燃煤通过皮带机及卸料设备卸入安装在筒仓顶部中央的进料管道，再经该管道输送到伸缩槽。煤通过伸缩槽进入螺旋传送系统，而该螺旋传送系统就位于筒仓内部存储的煤的表层上。之后，煤从伸缩槽的下端部分出来落在螺旋传送系统的螺旋钻上，螺旋钻把煤从筒仓中心推到外围。一旦煤被推至筒仓内壁，安装在螺旋钻的驱动装置附近的传感器就被激活了。紧接着该传感器发送的信号又会进一步激活旋转桥的旋转驱动。在进料过程中，该旋转桥一直是顺时针旋转。螺旋传送系统通过绞盘上的钢筋悬挂在旋转桥下，它也随着旋转桥的旋转而顺时针转动。当一个扇面的煤被均匀平铺好之后，旋转桥暂停旋转。之后，螺旋传送系统开始平铺下一个扇面，直到一个完整的圆面被平铺好之后，这种圆周运动再继续不断重复下去。当旋转一周之后，旋转桥到达了360°的临界点，这时一个开关就会自动启动绞盘把螺旋传送系统提升一层的高度。之后，再一个扇面、一个扇面地平铺直到再次到达360°的临界点。

(2)大型智能筒仓储煤系统出料过程

在出料过程中，螺旋钻按照与进料过程相反方向运行。一旦启动振动给料机，在稳定的煤的内部就会形成一个核心流的通道，于是振动给料机正上方的煤层就开始下陷。在传感器的控制下，这种下陷只能在允许的范围之内。当振动给料机正上方的煤层也就是筒仓中心部分的煤层下陷了一定高度之后，传感器启动，绞盘把螺旋传送系统降低一层，再次进入煤层表面。此时，旋转启动开始逆时针运行，于是煤就被螺旋钻从筒仓四周推到中央。如果螺旋钻这种推移有效地填补了核心流通道内的空白，旋转桥就停止下来，等待下一个信号以便重新开始。当旋转桥到达360°的临界点时，传感器就启动绞盘把螺旋传送系统降低一层的高度，以便继续出料。这个过程一直继续下去直到螺旋传送系统降到筒仓底部。这时螺旋传送系统的下降就会被绞盘上的开关所限制，从而停止绞盘运动并结束出料过程。出料能力主要由振动给料机的出料能力决定，进料和出料同时进行。螺旋钻装有电流测量装置，一旦电流超过发电机电流的75%，螺旋启动就会停止大约10 s的时间以降低螺旋钻的负荷。这将避免筒仓的自动出料和(或)进料过程由于螺旋钻负荷过重而不得不停止。

(3)大型智能筒仓储煤系统筒体厚度

①无预应力筒仓壁最小厚度(环向轴力 6 226 kN/m^2):1 260 mm。②采用预应力筒仓壁厚度,按 C_{30} 设计,筒仓最小厚度>739 mm。

(4)大型智能筒仓储煤系统安全系统

①氮气填充系统。氮气填充已被证明是一个非常有效的筒仓消防方法。实验表明,在 1 h 氮气填充后,环境很安全不会产生火灾。然而,真正防止火灾的填充必须持续很长时间(依据环境不同,需花费几天时间)。当煤炭中的氧含量低于容积 5%时,防止明火和过热;当氧含量高于煤炭水平,低于容积 14%时,避免火花,并且可能会爆炸。

②泡沫灭火系统。整个筒仓配有泡沫灭火站、泡沫喷射器、输送管道和入水排水管路。泡沫灭火系统布置在防滑道和各管路之间,蓄水池坑道及筒仓顶部配有 2 个泡沫喷射灭火器。所有管道为干燥设计,在 2 min 内可喷出泡沫。泡沫灭火管道和自来水管路相连接,在最不理想位置,5 bar 压力下喷液量不应小于 800 L/min。筒仓配有 2 个泡沫灭火器,每支喷液量为 400 L/min。泡沫和水的混合物覆盖在煤炭表面,泡沫厚度要达到 1 m。

③通风除尘。在筒仓的圆周开自然通风口,其旁边有一个紧急通风口,能用于筒仓的冒烟、脱氮,在氮气净化后能够使人员不戴呼吸设备进入筒仓。除尘设备为带铝叶片的通风机,叶片角度可调,安装在屋顶,空气管道功率约 30 kW。除尘设备安装在进料点,正常通风暴露粉尘最大为 20 mg/m^3。

④温度检测。一种红外测量监控系统,用于检测筒仓内各点的温度。

第四章　绿色物流的政府规制与铁路货运

近年来，在国家“公转铁”的政策导向引导之下，铁路货物运输的比重逐年提高，对铁路货运的发展带来利好条件的同时，铁路货运行业也迎来了更多的挑战。我国对环境保护十分重视，党的十八大以来，国家战略部署、规划、政策文件等多次强调生态文明建设要求，对生态环境的重视程度提升至前所未有的高度，党的二十大提出“推动绿色发展，促进人与自然和谐共生”，对铁路货运行业也提出了更高的要求，“绿色货运”势在必行。因此，纵观铁路货运全局，分析铁路货运的特点，识别当前铁路货运行业中存在的问题，提出解决方案，可促进“绿色货运”发展，提高行业节能环保水平，发挥铁路货运优势，紧跟国家战略部署，响应政府政策，意义重大。

第一节　绿色物流的政府规制

现代物流业的发展，政府、企业、中介组织要发挥各自的作用，政府的主要作用在于推动，企业的主要作用在于运作，中介组织的主要作用在于协调。作为经济可持续发展重要内容的绿色物流，由于涉及诸多环境问题，政府的参与和推动显得更为重要。

新中国成立以来，我国经济发展取得了举世瞩目的成就。然而，高投资、高能耗和高排放的粗放型增长方式让我国付出了惨重的资源和环境代价。为了应对日益严峻的生态环境问题，我国政府制定了一系列环境保护政策，确立保护环境为基本国策，实施可持续发展战略，把“生态文明建设”纳入中国特色社会主义事业“五位一体”总体布局，部署美丽中国建设。环境保护政策从控制污染物排放总量为主转向以改善生态环境质量为核心，推动生态空间安全格局的构筑，以及更多生态产品和服务的提供；政策工具从命令控制型为主，转向命令控制型和经济激励型并重；环保问责机制从以监督企业为重点，转变到“督政”与“督企”并重；构建政府、企业、社会多元参与的环境治理体系，形成生态环保齐抓共管大格局。

无论是传统物流还是现代物流，其健康发展都离不开良好的宏观环境。在大多数情况下，政府所扮演的角色正是这种宏观环境的创造者，这在绿色物流的发展中也不例外。

一、政府规制的必要性和重要性

1. 完善健全的政策法规体系保证绿色物流活动的顺利进行

在市场经济条件下，市场环境的公平程度直接影响着企业的行为。而这种公平的环境在很大程度上要依靠健全的政策法规体系来保障。如果相关法规不健全，市场的不经济性就会大大降低企业的自觉性。在物流活动绿色化的过程中也是如此。

以我国目前的状况为例，虽然有关部门颁布实施了《中华人民共和国环境保护法》(以下简称《环境保护法》)、《中华人民共和国海洋环境保护法》、《中华人民共和国固体废物污染环境防治法》、《中华人民共和国噪声污染防治法》等专门的环境保护法律以及环境保护行政法规，地方政府也颁布了许多地方环境保护法规和地方环境标准，形成了具有中国特色的环境保护法律体系，但是，我国还没有针对绿色物流的专门法规对物流活动进行有关环境方面的规范，也没有非常明确的政策，对物流活动绿色化的规制只能依靠环保法规中的某些相关条款。同时，由于资源政策缺乏系统性、完整性和针对性，立法上相对一些发达国家又量刑偏轻，导致市场的不经济性普遍存在，不能给企业创造一个公平的市场环境。从而使不考虑环境问题的企业有空可钻，而考虑环境问题的企业却因为成本较高，在同等条件下的竞争中处于劣势，因此而丧失改善经营管理、提高生产效率、开展绿色物流以获取合理利润的动力，当然也缺乏主动对物流活动进行绿化的积极性。以我国的排污收费政策为例，目前，超标排放 1 t 废水仅收费 0.1 元，而净化处理 1 t 废水则需 0.2～0.3 元，相比之下企业宁可选择前者。

由此可见，各级政府应该对绿色物流给予关注，有针对性地制定相关政策和法规，同时也加强执行力度，这样可以降低市场的不经济性，从而为绿色物流的发展创造一个较为公平的市场环境，激发企业对物流活动进行绿化的主动性和积极性。政府的这一职能在绿色物流的发展过程中是其他组织无法替代的。

在发达国家的物流发展实践中，政府制定的相关政策法规对于解决物流活动中的环保问题发挥了重要作用。例如，德国政府通过制定法律，要求生产商负责对自己产品的包装废弃物进行回收，并进行再生利用。该法律促使零售商和厂商联手，创立由双方承担的收集系统，共同出资，雇佣私人卡车到各个居民区去收集放在特殊容器里的包装废弃物。对于企业而言，由于产品包装的减少，意味着系统承担费用的降低，因此许多企业采取措施减少了其所生产产品所需的包装；对于零售商而言，如果在选择进货时考虑到商品可能产生的废弃包装，就会在同等条件下尽量选择包装少或无包装的产品，这样就能减少在收集系统中承担的费用。因此，生产企业和零售商对此做出了积极反应。而其他欧洲国家也把德国的这个由双方承担费用的回收系统作为一种成功模式进行学习，并制定了本国的回收利用计划。

2. 必要的宏观调控保证企业的物流活动符合环保要求

包括环境成本在内的绿色物流是在维护生态环境和可持续发

展的基础上对传统的物流体系加以改进，以形成一个环境共生型的可持续发展的现代物流系统。

在市场经济条件下，企业实际上是一个相对独立的“投资—经营—生产”实体，具备追求内部经济性即追求经济利益的动力和压力。但是，由于企业本身不具有追求生态效益的本能，内部经济性的加强很可能会助长外部不经济行为的出现，使企业将环境成本外推，污染代价外移。根据外部（环境）成本内在化理论，物流活动造成环境污染而导致产生的治理成本（使环境污染恢复到未遭受污染状态所应支付的费用总和）应该计入物流活动的成本之内，从而使企业的经济效益与环境效益达成一致。在传统的物流活动中，大部分企业都没有将这一成本计入企业总成本，而是无形中将其转嫁于整个社会。就目前的情况而言，一方面人类生存的环境容量已超常微弱，不能再承受更大规模的破坏；另一方面市场需求所渴望的是绿色产品。因此，企业在经营过程中必须对包括物流环节在内的整个流程进行全面的关注，将内部经济性与外部经济性加以协调，同步发展，才既能符合社会经济可持续发展的要求，又能通过满足日益增长的绿色需求获取更大的企业利润，实现道义和利益的双赢。

然而，必须看到，由企业完全通过自身的努力进行物流活动绿色改造基本是不可能的，帮助企业引入绿色物流体系将是政府必须承担的重要职责。但是政府的直接干预，又有可能对企业的正常运营产生负面影响。因此，通过税收、政策优惠等宏观调控手段来使企业自觉地减少物流活动对环境的污染，不仅对推动绿色物流活动的发展具有必要性，同时也可以促使企业重视对物流成本的节约，以提高物流的整体效率。目前，许多发达国家已经采用了环境会计制度，以迫使企业在从事物流活动时必须考虑对环境的负面影响，并且对其给予与降低直接成本同等重要的关注。

除此以外，将绿色物流的发展列入物流业发展的总体规划，在制定诸如市场准入、土地使用、税收、技术改造贷款、项目审批、口岸设立等物流业发展的产业政策时充分考虑环境因素，合理配置资源，对物流基础设施建设进行总体规划和投入，推动绿色物流教育与绿色物流技术的发展，用信息化带动物流现代化和绿色化，这一系列与绿色物流的发展密切相关的活动都需要政府来完成。

二、绿色物流政府规制的内容

在发展绿色物流的过程中，政府最主要的作用是推动与支持，具体表现是为企业物流活动的绿色化或物流企业的绿色化创造各方面的环境。

制定有关法律法规，规范企业的经营行为，维护正常的市场秩序，是政府的重要职责。要推动绿色物流的发展，健全的法律体系、良好的法律环境必不可少。

在各个国家的法律体系中，关于环境保护的法律法规是一个重要内容。以我国为例，至今已经制定了《环境保护法》《中华人民共和国海洋环境保护法》《中华人民共和国固体废物污染环境防治法》《中华人民共和国水法》《中华人民共和国水污染防治法》《中华人民共和国噪声污染防治法》等多部法律法规。其中，有关条款的内容对物流活动产生的环境影响也有所涉及，例如，《中华人民共和国环境保护法》第四十二条规定："排放污染物的企业事业单位和其他生产经营者，应当采取措施，防治在生产建设或者其他活动中产生的废气、废水、废渣、医疗废物、粉尘、恶臭气体、放射性物质以及噪声、振动、光辐射、电磁辐射等对环境的污染和危害。"第四十八条规定："生产、储存、运输、销售、使用、处置化学物品和含有放射性物质的物品，应当遵守国家有关规定，防止污染环境。"

但是可以看到，在环境保护法律体系中，并没有明确地针对物流活动所做出的规定。因此,要倡导和发展绿色物流,还需要政府制定有关的专门法律法规。具体而言,这些法律法规至少应涉及以下三方面的内容。

1. 交通运输

运输车辆的增加是物流活动污染的主要发生源。因此,政府应该制定相应法规,从源头上控制物流企业的发展所造成的环境污染。主要包括:制订车辆废气排放标准、限制城区货车行驶路线、收取车辆排污费、淘汰不符合环保标准的旧车、促进低公害车的普及等。还可以考虑采用法律规定改进卡车的设计以减少卡车运行对环境的危害,例如,发动机设计的改进能降低燃料需求,减少噪声及污染,较好的悬浮设计能减轻振动。另外,通过有关法规控制交通流,如制订道路停车规则,实现交通管制系统的现代化等,通过合理规划交通路线,减少交通阻塞,提高配送运输效率。

2. 产品包装

产品包装是物流活动的重要环节,包装材料对环境的污染不容忽视,过度包装和重复包装又会导致资源的浪费。因此,政府应以相关法规限制企业对非环保性包装材料的使用和过度包装,鼓励企业实施绿色包装,以此推动绿色物流的发展。具体而言,主要是制定"绿色包装法",规定企业在整个物流过程中应使用先进的保质保鲜技术,保障存货的数量和质量,在无货损的同时消除污染;规定企业产品的包装要符合 4Rs 的要求,即少耗材(reduction)、可再用(reuse)、可回收(reclaim)和可再循环(recycle)等。

3. 流通加工

物流中的加工虽然简单,但亦应遵循"绿色"原则,少耗费,高环保，在降低货损的同时减少对环境的污染。因此，相关的法规应对流通加工中可能产生的废气、废水和其他废物的排放予以规制，并监督加工企业将分散加工转向专业集中的流通加工，以规模作业方式提高资源利用率；采用清洁生产方式，减少环境污染，集中处理流通加工中产生的边角废料，减少废弃物污染。

政府对绿色物流的法律规制主要内容见表 4-1。

表 4-1 政府对绿色物流的法律规制

所涉及的物流环节	规制内容
交通运输	根据大气污染防治法对废气排放进行规制； 根据对车辆尾气排放的限制来对车种进行规制； 促进使用符合规制条件的车辆； 低公害车的普及推进； 对车辆噪声进行规制； 交通管制系统的现代化
产品包装	绿色技术的使用； 包装材料符合 4Rs 的要求； 限制重复包装和过度包装
流通加工	减少货损； 节约资源； 限制废气、废水和其他废弃物的排放； 集中加工、集中处理废弃物

在制定相应法律法规的同时，也要加大执法力度，真正实现有法可依、执法必严、违法必究，并且定期进行有关法律的执法大检查，一年一次或几次，形成制度。对一些拒绝实施绿色物流的企业进行处罚，确保绿色物流活动的推行。此外，政府还应加强对企业物流过程的监督与管理，建立全面的环境审核制度、ISO 14000 认证制度，实施环境成本制度和绿色标志，这样才能真正为绿色物流的发展创造一个良好的法治环境。

三、环境战略政策体系构建

经过新中国成立后多年的变迁和发展，我国基本形成了符合国情的、较为完善的环境战略政策体系，对环境保护事业发展发挥了不可替代的支撑作用，为深入推进生态文明建设和实现美丽中国伟大目标提供了重要政策保障。这一体系主要包括生态文明和环境保护的法律、体制、责任制、政策、共治等五大领域和方面。

1. 生态文明和环境保护法律体系

从 1978 年宪法首次将环境保护列入，1979 年我国第一部环境法律——《中华人民共和国环境保护法（试行）》颁布，2014 年完成新一轮《环境保护法》重大修订，到 2018 年 3 月生态文明进入宪法，我国的环境保护法律体系随着环保工作的不断推进，经历了一个逐步建立、发展和完善的过程。其中，依法治国为环境保护提供了强大动力，对环境保护法律体系建设起到了决定性作用，我国不仅在《民法典》《中华人民共和国刑法》等基本法律中明确了有关资源利用和生态环境保护的规范要求，而且在《中华人民共和国城乡规划法》《中华人民共和国循环经济促进法》等社会经济发展和资源开发利用等相关法律中也明确了环境保护的立法目标；在生态环境保护领域，水、气、土、固废等各要素污染防治法以及环境影响评价、野生动植物保护等专项法或单行法已经出台实施并不断完善，共制定多部环保法律、资源保护与管理法律、生态环保行政法规，基本形成了以《环境保护法》为首的法律法规体系，特别是新修订的《环境保护法》为环境保护主管部门增设了查封、扣押执法权限，并在处罚方式上增加了行政拘留、按日计罚等硬手段，最高人民法院设立环境资源审判庭，开启了系统的环境司法专门化改革，加上实施最严格的环境执法，长期以来“环境违法是常态”的局面正在扭转。2018 年全国环境行政处罚案件 18.6 万件，罚款数额

152.8 亿元，同比增长 32%，是新《环境保护法》实施前(2014 年)的 4.8 倍。

2. 生态文明和生态环境保护体制

新中国成立百年来，我国环境行政机构历经五次重大跨越，环保机构不断升格，生态环保职能逐步健全，环保机构和能力不断增强，环境监管不断提升。“三废”污染催生了国务院环境保护领导小组的成立。随着环境污染问题的持续加剧，环保工作日益成为政府日常工作的重要部分，临时性的环保机构已不适应时代的需要，国家环境保护局、国家环境保护总局、环境保护部在各个环保历史阶段的需要下相继设立。随着生态环境问题越来越需要整体性考虑，生态环境保护职责分散交叉、所有者与监管者职责不清的问题越来越突出，实施生态环境统一监管，增强生态环境监管执法的统一性、权威性、有效性就进入了改革议程。2018 年成立生态环境部，基本职责定位统一行使生态环境监管，重点强化生态环境制度制定、监测评估、监督执法和督察问责四大职能，坚持所有者与监管者分离，污染防治与生态保护实施统一监管执法，污染治理实施城乡统一监管。为了解决现行以块为主的地方环保管理体制存在的难以落实对地方政府及其相关部门的监督责任、地方保护主义对环境监测监察执法的干预等突出问题，省级以下环保机构监测监察执法垂直管理改革启动并逐步推进，长江、黄河、淮河、海河、珠江、松辽、太湖七大流域生态环境监督管理局设立，作为生态环境部设在七大流域的派出机构，主责流域生态环境监管和行政执法相关工作，海河、珠江、太湖流域还统筹了相关海域生态环境监管，太湖统筹了东海海域的监管职能，统一为生态环境部太湖流域东海海域生态环境监督管理局。日益完善的生态环境保护体制改革为我国新时代生态环境保护工作打下了扎实的体制基础。

3. 符合国情的生态环境目标责任制

我国在通过行政性管制政策来推进落实党委政府和企业的环境责任方面开展了许多创新性探索。自 20 世纪 80 年代以来，逐步探索出一条具有中国特色的环境保护目标责任体系和问责机制:1989 年的《环境保护法》确立了地方各级人民政府对辖区环境质量负责制;“十一五”开始实施主要污染物减排目标责任考核;“十二五”增加了主要污染物减排指标，减排目标责任体系注重约束性指标完成情况，开始关注政府相关部门常态化的环境保护分工机制;“十三五”期间，环境目标考核从强调主要污染物总量减排调整到以环境质量为核心，特别是污染防治攻坚战和蓝天保卫战的考核体系得到了进一步加强，强调建立生态环境保护领域相关部门常态化的分工机制。2016 年以后，我国的环境保护目标责任体系建构进入了新阶段，引入了生态文明建设综合评价考核和中央环保督察制度，通过建立领导干部生态环境损害终身追责制度和生态环境保护督察制度来落实“党政同责、一岗双责”。在企业生态环境责任方面，推动从以环境影响评价为主向环境影响评价、排污许可、企业环境信息公开、生态环境损害赔偿共抓转变，正在建立以排污许可证为核心的固定污染源监管制度。截至 2019 年 5 月，企业环境信息公开制度不断健全，生态环境损害赔偿进入全国试行阶段，全国已经核发完成 24 个重点行业约 4 万张排污许可证，管控大气污染物主要排放口 48 556 个、水污染物主要排放口 33 083 个。

4. 生态环境市场经济政策体系

环境经济政策在我国环境政策体系中的地位总体呈上升发展趋势，我国环境政策改革创新的历史进程是由过去单一命令控制型环境政策向多种环境政策手段综合并用转变的过程，在环境保护工作中越来越广泛地运用环境经济政策，手段越来越多，调控范围也从生产环节扩展到整个经济过程，作用方式也从过去的惩罚性为主向惩罚和激励双向调控转变，目前已经形成了包括环保投资、环境税费价格、生态补偿、排污权交易、绿色金融等在内的政策体系，在筹集环保资金、激励企业环境行为、提供环保动力方面发挥了重要作用。国家环境污染治理投资总体呈现增加趋势，2017年达9 539亿元，占国内生产总值的1.15%；已经建立绿色税制，环境税费改革已基本完成，资源税、消费税等环境相关税收也在为适应生态文明建设要求进行调整；绿色金融成为推动生态文明建设和生态环境保护工作的重要力量，我国成为全球绿色金融的积极倡议者，目前已经构建形成绿色金融体系，2018年全国绿色信贷余额近90 000亿元，发行绿色债券1 963亿元，成为全球最大的绿色信贷和绿色债券市场；全国有20多个省（自治区、直辖市）开展了环境污染责任保险试点，2017年为16 000多家企业提供的风险保障金额约300亿元。积极创新探索运用市场机制与模式，相关部门积极推进在污水、垃圾处理领域探索实施PPP、环境污染第三方治理。截至2018年8月，排污权有偿使用和交易地方试点一级市场征收排污权有偿使用费累计118亿元，在二级市场累计交易金额72亿元，从未有任何一个国家像我国政府这样大范围探索排污交易试点，反映了我国政府对利用市场机制推进污染治理的强烈意愿。生态补偿制度不断完善，补偿范围基本覆盖重点生态功能区与流域以及大气、森林、草原、海洋等重点领域，初步形成了多元化生态补偿格局。

5. *多元有效的生态环境治理格局*

我国的环保发展史是一个不断强化治理主体责任、保护相关环境权益、推进环境共同治理的过程，实现了从初始的政府直控型治理转向社会制衡型治理、从单维治理到多元共治的根本转变，充分发挥各个治理主体的功能，逐步形成了党委领导、政府主导、市场推动、企业实施、社会组织和公众共同参与的环境治理体系。随着环境影响评价、环境保护行政许可听证、环境信息公开等系列立法政策的实施，到2018年《环境影响评价公众参与办法》的出台，环境保护公众参与制度的法制化、规范化程度不断提高，从注重对公众环境实体权益的保障，向同时重视公众的环境程序权益方向发展，逐步形成了以政府治理为主导、社会各方积极参与的治理模式。政府通过多渠道、多方式公开环境信息，各级政府的网络信息平台成为公众参与的重要平台，包括专题听证、投诉电话、信访体系等多种方式，成为公众参与的重要途径。政府环境信息公开已成为社会各方参与和监督政府环境行为的一种重要手段，基本建立了企业环境信息公开制度，特别是上市公司环境信息公开制度，通过向社会各方提供便利渠道发挥社会公众的监督功能。民间环保团体在环境教育、倡议和利益表达上所发挥的作用日益凸显。此外，全国人大常委会通过对环境法律实施执法检查，发挥了重要的监督作用，为污染防治攻坚战贡献了“人大力量”，环境司法制度在不断加强，加强环境司法能力建设、完善司法救济功能越来越发挥重要作用，通过环境资源审判来落实最严格的源头保护、损害赔偿和责任追究制度。

四、新时期环境战略政策

自2013年党的十八届三中全会召开以来，以习近平同志为核心的党中央把生态文明建设摆在治国理政的突出位置。党的十八大通过的《中国共产党章程(修正案)》，把“中国共产党领导人民建设社会主义生态文明”写入党章，这是国际上第一次将生态文明建设纳入一个政党特别是执政党的行动纲领中，中央把生态环境保护放在经济建设、政治建设、文化建设、社会建设、生态文明建设

“五位一体”总体布局中统筹考虑，生态环境保护工作成为生态文明建设的主阵地和主战场，环境质量改善逐渐成为环境保护的核心目标和主线任务，环境战略政策改革进入加速期。2015 年 4 月，《关于加快推进生态文明建设的意见》对生态文明建设进行全面部署；2015 年 9 月，中共中央、国务院印发《生态文明体制改革总体方案》，提出到 2020 年构建起系统完整的生态文明制度体系。

2018 年 3 月，十三届全国人大一次会议通过了《中华人民共和国宪法修正案》(2018 年)，把生态文明和“美丽中国”写入宪法，这就为生态文明建设提供了国家根本大法遵循。特别是在 2018 年 5 月召开的全国生态环境保护大会上，正式确立了习近平生态文明思想，这是在我国生态环境保护历史上具有里程碑意义的重大理论成果，为环境战略政策改革与创新提供了思想指引和实践指南，习近平生态文明思想已经成为指导全国生态文明、绿色发展和美丽中国建设的指导思想，在国际层面也提升了世界可持续发展战略思想。

这一阶段围绕全面建成小康社会目标建设，改善环境质量成为环境保护工作的核心，也是响应社会的迫切需求，环境政策改革呈现了前所未有的巨大进展：①环境法治体系向系统化和纵深化发展。2014 年 4 月我国修订完成了《环境保护法》，这是对 1989 年版本 25 年后的新修，被称为“史上最严”的环保法；新出台的《中华人民共和国环境保护税法》《中华人民共和国土壤污染防治法》等也开始实施。②环境监管体制改革取得重大突破。2015 年 10 月召开的党的十八届五中全会明确提出实行省以下环保机构监测监察执法垂直管理制度，这有望大幅度提升我国生态环境监管能力。2018 年 3 月 17 日，十三届全国人大一次会议批准《国务院机构改革方案》，组建生态环境部，统一实行生态环境保护执法。③推进建立严格的环境保护制度，随着污染治理进入攻坚阶段，中央深入实施大气、水、土壤污染防治三大行动计划，部署污染防治攻坚战，建立并实施中央生态环境保护督察制度，以中央名义对地方党委政府进行督察，如此高规格、高强度的环境执法史无前例。④环境经济政策改革加速。明确了建立市场化、多元化生态补偿机制改革方向，补偿范围由单领域补偿延伸至综合补偿，跨界水质生态补偿机制基本建立；全国共有 28 个省（自治区、直辖市）开展排污权有偿使用和交易试点；出台了国际上第一个专门以环境保护为主要政策目标的环境保护税，也意味着自 1982 年开始在全国实施的排污收费政策退出历史舞台；加快推进建设绿色金融体系，由我国主导完成的《2018 年 G20 可持续金融研究小组综合报告》得到了世界各国的认同。

我国目前已经形成了较为完善的环境战略政策体系，为环境质量改善提供了坚实保障和支撑，但是依然面临一系列挑战，特别是我国社会主要矛盾变化对环境政策改革提出了新的要求。十九大报告明确指出，“我国社会主要矛盾已经转化为人民日益增长的美好生活需要和不平衡不充分的发展之间的矛盾”，当前和今后一段时期，人民群众日益增长的优美生态环境需要与更多优质生态产品的供给能力不足之间的矛盾依然突出。环境战略政策改革需要回应社会主要矛盾变化产生的改革要求，通过继续深化改革提供优质生态产品，为发展转型阶段提供新的动力。另外，环境政策无法满足环境治理体系现代化建设新需要，当前的环境政策体系还存在对行政管制型、市场经济政策和社会治理政策的边界和分工不清、认识不到位等问题，各个治理主体发挥的作用不平衡，政府有形之手和市场无形之手关系没有完全理顺，环境政策体系尚未充分体现对各类治理主体的有效激励和约束，社会各方主体的积极性和能动性尚未充分调动起来。

1. 生态环境保护战略基本走向

十九大报告提出了新时代生态文明建设的宏伟蓝图和实现美丽中国目标的战略安排，2035 年实现生态环境根本好转、美丽中国目标基本实现。这需要保持和增强生态文明建设的战略定力，坚持节约优先、保护优先、自然恢复为主的方针，形成节约资源和保护环境的空间格局、产业结构、生产方式、生活方式。到 2035 年之前，环境质量改善仍然是环境保护工作的主线，要继续稳步推进水、大气环境质量达标和土壤污染安全管控；协同推进气候变化和大气污染减排，促进实现 2030 年碳达峰目标和同期环境空气质量改善目标，历史性原因造成的结构性、布局性问题导致环境风险事故进入高发期，环境风险管控成为常态性工作，需要加快提升环境风险管控水平；随着"绿水青山就是金山银山"理念的深入实践，自然生态系统保护和修复，以及城市生态系统的保护和增值，已越来越受到广泛关注；推进落实生态环境空间评价和分区分类管控，加强生态环境空间监管，成为生态环境保护的基础性工作；形成党委、政府、市场、社会等各方互相监督、互相促进的现代化治理格局，协调推进流域、区域、地方的高质量发展与高水平保护，提供更多的优质生态产品，以满足人民日益增长的优美生态环境需要。

2. 生态环境保护政策改革目标

生态环境保护政策改革的目标是实现环境治理体系现代化和环境治理能力现代化。环境治理体系现代化需要推进建立党委领导、政府主导、市场实施、企业落责、社会参与的生态环境治理大格局，也要重视统筹发挥好人大、政协、法院和检察院的作用，形成各司其职、互相监督、互相协作、互相促进、均衡有效的治理架构。环境治理能力现代化要强化生态环境保护政治建设，提升各级党委生态环境治理的能力水平，落实各级党委在生态环境治理中的领导责任；要落实政府的生态保护投入责任和生态环境质量目标达标要求，充分调动政府生态环境保护工作的积极性和能动性；要运用市场机制实现生态环境资源的优化配置，提高优质生态产品供给的效率水平；要实施最严格的环境管理和监管执法，落实企业污染治理的主体责任；要充分保障社会公众环境权益，形成绿色生活和绿色消费的社会环境，发挥社会公众的治理力量。

3. 生态环境保护政策改革方向

新时期生态文明建设和美丽中国目标基本实现，对生态环境政策改革创新提出了新的历史要求，生态环境保护政策创新正面临着前所未有的历史机遇，应紧紧围绕实现环境治理体系现代化和环境治理能力现代化，深入推进生态环境保护政策改革。

(1)深化生态环境管理体制改革，环境管理体制改革是生态文明体制改革的关键和核心，基于生态系统的整体性，强调环境与发展的综合决策和“山水林田湖草”的综合管理，强调流域综合治理和区域生态环境关联性，强调所有者和监管者分离，研究成立中央生态文明建设指导委员会，强化对资源管理、经济发展与生态环境保护的统筹决策协调；继续完善国家、区域、流域、地方生态环境监管体制和能力建设，整合涉及土壤、农田、渔业水域、森林、草原、湿地、荒漠、野生动植物等所有生态保护和污染防治的监督管理内容，进一步突出生态环境的独立性监督和生态环境统一监管；明确规范各相关部门的生态环境保护权责，加强跨部门、跨地区的统筹协调和陆海统筹协作；构建以国家公园为主体的自然保护地体系，重点完善自然保护地体系监管；推进中央机构改革后地方机构的职责巩固和能力提高，强化基层生态环境监管执法能力，将农村生态环境监管工作纳入统一监管体系，探索不同乡镇农村生态环境监管体制与模式，促进建立多元化、社会化生态环境监管，引入第三方机构参与企业环境行为的监管，弥补政府能力有限和监管不足的缺陷。

(2)构建生态文明和环境保护法治体系，开展相关法律法规的生态化“改造”，对不符合生态文明建设要求的进行修订，推进长江流域、京津冀区域生态环境保护等立法，加快修订《中华人民共和国土地管理法》《中华人民共和国矿产资源法》等法律，制定和完善自然资源资产产权、国土空间规划和保护、国家公园、海洋、应对气候变化、排污许可、生态补偿、生态环境损害赔偿、生态保护红线、生物多样性保护等方面的法律法规。推进绿色生产消费、生态环境教育等方面的相关立法，为生态文明体制改革提供法治保障。加强流域、区域和地方环境标准制定和实施的引导和规范，积极支持和推动地方制定地方环保法规或者规章，健全环境行政执法和环境司法衔接机制以及环境案件审理制度，强化公民环境诉讼权的司法保障，完善环境公益诉讼的法律程序，积极参与国际环境法合作，推动“一带一路”环境标准建设。

(3)建立生态环境空间管控制度。国土空间的资源属性和优化配置利用越来越受到重视，需要强化生态环境空间管控的前置引导作用，建立生态、大气、水、土壤、海洋等要素环境管控分区，明确各要素空间差异化的生态环境功能属性和管控要求，形成以“三线一单”为基础的生态环境分区管控体系，作为生态环境参与国土空间规划、政策和标准等的主要平台，同时强调空间管控在生态环境保护规划中的基础性作用。强化生态环境空间管控要求的落地性，把“三线一单”作为环境综合决策的手段，作为国土空间“双评价”的前提或基础，服务高质量发展，为区域开发、资源利用、城乡建设、空间规划和产业准入提供依据，为地方制定出台有利于生态环境保护的土地、产业、投资等细化配套政策提供支撑，作为规划环评、建设项目环评论证的基础依据之一，为“放管服”改革提供支撑，推动生态环境空间管控的基础数据规范化、技术方法科学化、管理制度完善化，形成基本完善的“三线一单”数据标准、技术规范、配套规制和管理政策。

(4)完善生态环境市场经济机制，改革节能环保财政账户，健全生态环境财政预算制度，建立生态环境保护投入稳步增长机制，实现中央和地方生态环境财权和事权相匹配，探索建立生态产品核算和评价体系，建立政府主动购买生态产品的机制，在“绿水青山”优化“金山银山”方面做好“加法”，增加生态公共产品有效供给。研究将挥发性有机物等特征污染物纳入环境保护税征收范围，继续推进资源税、消费税、所得税、增值税等环境保护相关税种的绿色化。全面建立自然资源有偿、生态环境补偿、自然资源和生态环境损害赔偿制度，建立市场化、多元化生态补偿机制，特别是要建立充分体现地方发展权保障和生态产品贡献的生态补偿政策，加大对贫困地区和弱势群体的补偿力度，深入调整生态环境资源生产关系，从根本上理顺经济关系和生态环境资源关系，促进各方全面建立生态环境资源资产价值理念。推进生态环境权益交易，全面建立环境权益交易的MRV(监测—报告—核查)能力，完善交易平台和市场，在全国范围内推进碳交易市场，在国家绿色金融改革创新试验区探索的基础上，针对生态环境产品的市场化属性，创新推广不同的绿色金融产品，引导和鼓励长江等重点流域以及粤港澳大湾区等重点区域探索设立绿色发展基金；继续推进绿色信贷、绿色债券、环境污染责任险等，不断完善建立绿色金融体系。推进绿色“一带一路”和绿色贸易，从国内外统筹考虑生态环境质量改善。

(5)建设公众广泛参与的社会治理体系。地方各级人民政府、教育主管部门和新闻媒体，依法履行生态环境保护宣传教育责任，把生态文明建设和生态环境保护作为践行社会主义核心价值观和贯彻落实习近平生态文明思想的重要内容；实施全民环境保护宣传教育行动计划，提高公众环境行为自律意识，加快衣食住行向绿色消费转变。建立生态环境监测信息统一发布机制，通过各种媒体手段公开大气、水、土壤等生态环境信息，全面落实排污单位、监管部门、建设项目环境影响评价的信息公开，保障公众环境信息知情权、参与权、监督权和表达权；健全环境立法、规划、重大政策和项目环评等听证和评价制度，在基层推进网格化监管和人民环保监督员制度，引导公众和社会组织对政府环境管理与企业环境行为进行监督和深入参与；理顺环境公益诉讼体制机制，及时化解群众纠纷；建立健全环境舆论监测制度，提高环境社会舆情分析、研判和引导能力。

(6)夯实绩效评估和责任机制。完善党政绿色发展监测、统计、评价、考核、责任和奖励体系，建立充分体现生态优先、绿色发展、地区特征和绩效导向的政绩考核评价体系和奖惩机制。建立尽职免责的环境监管制度，完善环保督察巡视、自然资源资产负债表、生态环境审计、领导干部自然资源资产离任审计、损害责任追究等制度，落实地方党委政府生态环境保护责任，进一步推进生态环境督察制度化、规范化、精简化，形成中央生态环境保护督察、部门生态环境保护专项督察、省级政府环境监察体系合理分工、高效协作的督察制度，发挥对生态环境违法违规行为的震慑和“靶向”监管落责功能，强化对地方党委政府履责的监督力度，通过督察，强化落实“党政同责”和“一岗双责”，推进以排污许可、环境司法、损害赔偿等落实企业主体责任，建立基于地方环境质量目标管理的排污许可证“一证式”管理制度，积极推动建立企业排污许可信息耦合企业环境信用评价，通过打破信息不对称壁垒，强化社会各方对企业环境行为的监管和激励。

第二节　环保政策与铁路运输

铁路作为绿色交通工具，随着近年来铁路快速发展特别是高速铁路的快速发展，全社会对铁路发展有了更多的关注和更高的期盼，人们期盼铁路更快捷、更安全、更绿色，更好地发挥在综合交通运输体系中的绿色骨干作用。落实国家生态文明建设发展要求，在绿色发展和绿色交通研究基础上，结合铁路技术经济特征，研究认为绿色铁路的内涵特征是生态友好、节能清洁、集约高效及可持续强，同时铁路也要把发挥自身绿色优势和落实绿色发展要求结合起来，从而实现从规划建设、运营维护等全生命周期绿色发展和可持续发展。

一、我国绿色铁路发展现状分析

1. 单位综合能耗持续下降

能源消费总量和单位运输工作量综合能耗是反映铁路能源消耗情况的综合性指标。统计资料显示，我国铁路在 2019 年运输总换算周转量比 2012 年上升 12%的情况下，能耗总量减少了 118.13 万 t 标准煤；2019 年单位运输工作量综合能耗较 2012 年减少了 0.8 t 标准煤/百万换算吨公里，下降了 17%，铁路整体能效水平有了提高，节能工作取得了明显效果。

2. 铁路用能结构不断优化

铁路能源消耗类型主要包括电力、燃油、燃煤以及液化石油气、天然气、外购热力等。2019 年，铁路能源种类以电力、柴油和燃煤为主，电力消耗量所占比例最高，占 65.5%左右，油类和煤炭分别占 23%和 2.5%左右，天然气、煤气、市政热力等其他类型能源所占比例为 9%。2012—2019 年，由于既有线电气化改造以及新电气化线路开通，电力机车数量和承担的工作量明显提升，牵引用电量不断上升，电力消耗占总能耗的比例从 34.1%上升至 65.5%。由于内燃机车逐步被电力机车替代，油类消耗占比从 38.1%下降至 23%。受“三供一业”移交、大气污染严格治理、燃煤设施设备技术改造、集中供暖等影响，燃煤消耗占比从 24.4%下降至 2.5%，用能结构得到大幅优化。

3. 非牵引能耗比重继续下降

铁路能耗可分为牵引能耗和非牵引能耗。牵引能耗指用于机车牵引所消耗的能源总量；非牵引能耗指除牵引能耗外的能源消耗量，包括暖通空调、照明、信号、通信及给排水等相关设备能耗。2012—2015 年，我国铁路牵引能耗比例和非牵引能耗比例基本保持一致。2016—2019 年，随着燃煤消耗量的大幅度降低，非牵引能耗比例逐年下降，牵引能耗比例显著提升，能源使用效率有所提高，侧面反映出我国铁路能源消耗情况整体向好。

4. 污染物排放量逐年降低

水环境方面，近些年我国铁路工业废水排放量、工业废水处理量、COD（化学需氧量）排放量、石油类排放量总体呈减少趋势，COD 作为主要污染物，2019 年的排放量较 2012 年降低了 17.69%。大气环境方面，由于“大气十条”等环保政策的严格执行、“三供一业”的稳步推进、对供暖设备的节能技术改造、集中供暖等措施实施，废气排放总量、烟尘排放量以及二氧化硫排放量逐年降低，2019 年二氧化硫排放量较 2012 年下降了 85.71%，对沿线大气环境改善效果明显。

5. 污染物处理和生态修复能力增强

污水处理方面，2021 年，我国铁路的污水处理设施超过 700

套，主要承担站、段(所)的生产废水和生活污水的处理任务。

废气治理方面，近年来我国铁路站段1蒸吨(1蒸吨=0.7 MW)以上燃煤锅炉均设置了脱硫除尘装置，废气治理能力得到显著提升；随着集中供热、空气源热泵、煤改气等工程实施，燃煤消耗量逐年降低，铁路二氧化硫排放量得到大幅削减。

噪声治理方面，我国铁路十分重视噪声治理，特别是高速铁路建设以来，采取了大量控制措施。目前，铁路噪声治理主要采用声源消减、传播途径消减、受声点防护等措施方式，此外还部分采取了搬迁、房屋功能调整等措施，噪声治理成效显著，有效地缓解了列车运行噪声对沿线环境的影响。

生态修复方面，近些年，我国铁路大力推进绿色通道建设工作，从绿化方案审查、施工过程监控、后期管护监督、新线开通验收等环节入手，采取多种措施，加强生态修复管理，广泛开展新线生态绿化，2019年国家铁路运营线路绿化里程近5.16万km，显著改善了铁路沿线生态环境，铁路绿色屏障作用进一步凸显，形成了一道道绿色优美的铁路风景线。

6. 铁路绿色管理体系逐步完善

近些年，铁路颁布了一系列节能环保管理规章制度和标准规范，推动了铁路节能环保管理的标准化和规范化。自2015年以来，陆续发布了《中国铁路总公司节约能源管理办法》《中国铁路总公司环境保护管理办法》《铁路节能环保监测管理办法》《中国国家铁路集团有限公司合同能源管理办法》等多项管理制度，铁路节能环保规范化和标准化管理力度不断加强。

节能环保科研攻关力度得到加强。长期以来，我国铁路十分重视技术创新和科技攻关，不断加强节能环保技术应用研发力度，契合铁路节能环保需求，立项开展了一系列有针对性的科研课题，有力支撑了铁路节能环保不断发展。

7. 切实践行绿色发展理念

采取了现场噪声监测、地下水封堵、地下水补偿、路基绿化等措施切实保护并改善了周边环境，并通过水资源循环利用、利用废弃采石场建设大临设施等措施，实现土地资源和水资源的集约利用，生态建设成效显著，构成了一幅优美和谐的生态画卷。

8. 铁路绿色外部效应逐步显现

铁路绿色环保比较优势突出表现在铁路市场份额的提升，促进运输结构调整和社会物流成本降低。近些年铁路在提升客运市场份额方面成效显著，由 2012 年 29.4%上升至 2019 年 41.6%，在客运市场中充分发挥了铁路的绿色优势。自 2017 年至今，随着实施货运增量行动和调整运输结构，铁路货运市场份额呈上升趋势，更多的货运量转移至铁路运输，铁路换算周转量占比由 2017 年的 18.95%上升至 2019 年的 20.7%，铁路的外部节能效益开始显现，铁路绿色环保比较优势逐步发挥，对综合交通体系绿色发展的推动作用逐步显现。2018 年、2019 年两年铁路货运增加的运量与公路完成同样的货运量相比，节省标准煤 480 万 t，减少二氧化碳排放 1 179 万 t。

二、绿色铁路发展目标和货运节能环保

1. 绿色铁路发展目标

以习近平生态文明思想为指导，紧紧围绕“五位一体”总体布局，牢固树立社会主义生态文明观，自觉践行新发展理念，落实国家环保法规要求，聚焦交通强国、铁路先行，以绿色发展为底色，以科技创新为依托，充分发挥铁路绿色比较优势，更好发挥铁路在综合交通运输体系中的骨干作用，加强铁路建设期生态环境保护，强化铁路运营节能减排和污染整治，加快建成资源节约型、环境友好

型铁路系统，为促进绿色交通体系建设、美丽中国建设做出更大贡献。

到 2035 年，绿色铁路发展目标率先建成生态友好、节能清洁、集约高效的绿色铁路系统，铁路绿色环保优势和综合交通骨干全面增强，铁路建设运营绿色发展水平全面提升，为构建绿色交通发展新格局形成提供有力支撑，在建设美丽中国、绿色交通发展和运输结构调整中当好先行。

铁路货运是一种节能环保、低碳高效的运输方式，相关研究表明，每完成单位运输量，公路排放的一氧化碳、二氧化碳、氮氧化合物、碳氢化合物等有害气体分别是铁路的 155 倍、4 倍、2.5 倍、36.7 倍。而铁路货运单位能耗仅是公路货运的 1/7，并且中、远距离运输大宗货物比公路货运更具经济优势和环保优势。正因如此，国家实施“公转铁”计划，旨在调整货物运输结构，提高运输能力，更大程度上发挥铁路运输的优势，减少环境污染，提高运输效率。但铁路货运行业仍存在一定的问题，下面从五个方面分析铁路行业节能环保需要关注的要点。

(1)铁路绿色优势更好发挥。铁路与其他交通运输方式实现深度融合、优势互补，铁路的客货运输市场份额持续提升，在现代综合交通运输体系中的骨干作用和地位明显增强。

(2)能源消费结构持续优化。新能源、可再生能源技术应用广泛，燃煤、汽油、柴油等化石类能源比例控制在能耗总量的 20%以内，铁路能源消费结构进一步优化。

(3)能源利用效率不断上升。通过技术革新、运输组织优化等措施，铁路能效水平的比较优势进一步扩大，在综合交通运输体系中持续处于领先地位。

(4)污染物排放进一步降低。铁路清洁化水平持续提升，化学需氧量和二氧化硫排放量大幅度降低，氨氮、石油类等污染治理技术水平进一步提高。

(5)与生态环境更和谐共生。绿色发展理念和环境保护要求全面贯彻落实到铁路建设运营全过程和各领域，铁路全生命周期绿色发展水平明显提升，与生态环境实现和谐发展。

到2050年，绿色铁路发展目标全面建成，与自然资源承载力相匹配，与沿线生态环境相协调，更加高效集约、更加绿色环保的铁路体系，为交通强国铁路先行提供强有力支撑。

2. 铁路货运节能环保要点

(1)大气污染

煤炭是我国铁路货运量最大的货物，其运输及装卸过程中对环境产生的影响值得注意。煤炭露天堆放量比较大，在露天堆放的过程中，很难使用防尘网、篷布等对其进行完整覆盖。在煤炭散料堆放的过程中，遇到起风的情况，很容易产生大量粉尘，同样的情况也会出现在货场运输及煤炭的装车卸车过程。

在煤炭运输过程中，有些列车车厢上部没有设置专用的篷布、防尘网等设施对煤炭进行覆盖，且煤炭的物料本身以粉粒状为主，粒径不均匀，在列车运行过程中，车厢上部风力通常随着列车速度的增加而增大，当风速超过颗粒表面的启动风速时，便会出现起尘现象。煤尘的散落不仅会造成煤炭货物本身损失，飘浮的煤尘还会对沿线的电力系统等设备造成影响。飘浮的煤尘极易停留在隧道内部并吸附到隧道表面及沿线电网和电路绝缘子等设备上，严重影响了沿线电网和电路绝缘子的寿命。煤尘也会附着在机车本身，造成机车的损坏，对检修工作造成困难。尤其当列车进入隧道时，车厢顶部风速会迅速增大，大量煤尘散落会对隧道工作人员的身心造成不良影响，且在相对封闭的密闭空间内，空气中煤尘浓度过大时，还有引起爆炸的危险。除煤尘之外，其他粉状货物也存在相似的问题。

铁路货运行业中，有大量以内燃机为动力的车辆、工程机械投入使用，如铁路内燃机车和货场叉车、二次运输车辆等。化石燃料燃烧产生的尾气会对大气环境造成污染，主要污染物包括一氧化碳、二氧化碳、二氧化硫、氮氧化物、碳氢化合物等有毒有害气体。

(2)水污染

铁路货运行业污水主要有维修和洗车过程产生的污水、清洗场地产生的污水、货物洒水降尘产生的污水和工作人员正常生活活动产生的生活污水。其中，维修和洗车过程产生的污水中含有一定量的石油类污染物，且可生化性较差；清洗场地产生的污水特点是砂石、悬浮物的含量比较高；货物洒水降尘产生的污水成分主要取决于货物本身；工作人员正常生活活动产生的生活污水特点为生化需氧量较高，可生化性强，同时可能含有一定量的氮、磷元素。

(3)固体废物污染

铁路货运行业产生的固体废物主要来自货物拆装过程中产生的废弃包装材料、日常工作中消耗的物料(如纸张、防尘网、包装边角料)和工作人员生活中产生的生活垃圾等。

(4)土壤污染

有相关研究表明，铁路货运行业土壤污染的主要环节为矿石在转运、装卸过程中产生的遗撒，堆存过程中风吹雨淋也会向周边土壤渗透，最终形成土壤污染。而铁路干线及封闭式重金属矿石运输货场基本不存在重金属土壤污染。

三、铁路货运绿色发展协同

1. 构建绿色低碳货运服务体系

构建以铁路为骨干的绿色低碳经济货运网络体系，深化货运增量行动，推动大宗货物和中长途货物运输向铁路转移，引导适宜货源通过铁路运输，促进运输结构深度调整，降低社会物流成本。巩固 500 km 以上大宗货物运输骨干作用，提升干线通道货运能力，加快大型工矿企业和物流园区铁路专用线建设，提升“公转铁”承接能力，推动中长距离公路货运转向铁路运输，确保煤炭等大宗物资更多地转移至铁路运输。提升港口铁路集疏运比重，大力发展以集装箱为重点的多式联运，扩大铁路集装箱运输辐射范围，在运量较大的车站、口岸、沿海沿江港口间组织开行多式联运系列产品，逐步增加集装箱班列开行数量，提升沿海沿江港口集装箱铁路集疏运份额。发展冷链、现代制造业、大宗商品等专业物流，拓展铁路特种运输和仓储物流服务市场，发展快捷货运和高铁快运，打造快运物流产品体系，着力满足高时效、高要求“白货”物流的多样化运输需求，促进“白货”向铁路市场回流，扩大铁路“白货”运输增量。

2. 推进节能减排和污染防治

(1)深入开展结构性节能减排

有序实施既有线电气化改造，提高路网电气化率，提高电气化铁路运输比重。优化运输组织方案，优化空车和重车比例，降低空车比例，提高有效运输系数，提高整体运输效能。加强太阳能、风能、氢燃料、天然气等新能源动力列车领域研究，打造铁路绿色高效移动装备。加强对既有燃煤、燃油设施设备的更新替代力度，按照因地制宜、多能互补的原则开展新能源、可再生能源、清洁能源技术的应用，提升电能、燃气、太阳能在铁路采暖能耗中的比例，持续优化铁路能源消费结构，提高铁路能效水平，减少大气污染物排放，推进铁路清洁能源化、绿色低碳化。

(2)大力推进技术性节能减排

扩大新型低能耗技术装备应用，推广内电混合动力调车机车，研发再生制动电能，降低机车牵引用能。积极推进客车变频空调应用，提高客车空调能效水平，降低空调发电机油耗和列车自用电量。优化设计采用合理的牵引变压器容量，实施动态无功能补偿改造，降低系统用电损耗。加强铁路移动装备技术创新，加快更高效节能的新一代高速列车、牵引传动技术（如永磁同步牵引系统）研发和应用。加强铁路建筑节能技术的研发应用，推广使用绿色高效的照明设备、暖通空调等设备。开发应用能源智能管控系统，实现对耗能设备的智能优化控制，构建节能环保型铁路车站。

(3)不断强化管理性节能减排

大力发展大宗直达、多式联运等先进运输组织方式，加强运输组织和运力调配，利用回程运力，降低车辆空驶率。大力推进综合维修基地（工区）建设，通过集中建设统一管理，实现资源优化配置和减低能源消耗。强化节能环保基础管理，严格新建、改建项目能源计量器具配备要求，加强铁路节能环保计量监测能力建设，加强数字信息管理应用，提高能耗和污染物数据的自动计量采集水平，进一步提升节能环境监测的规范化、自动化和信息化能力。健全节能技术标准体系、统计考核评价体系，强化目标责任制和考核评价制度，逐步形成适应铁路绿色环保发展的目标责任管理及评价考核体系。

(4)加大铁路沿线污染综合防治

推进站段污水处理设施更新改造，针对中小站区、高寒高原站区以及隧道施工污水，开展高效快速污水处理技术研发和应用，实现废水达标排放，提高中水回收利用率，最大程度降低对沿线环境的影响。

新建、改建项目严格控制新增大气污染源。积极推进清洁能源替代技术应用，从源头上减少污染。严格落实散货装卸运输环节抑尘措施，研发应用高效抑尘技术，开展散堆货物封闭化运输货车研究，解决铁路沿线粉尘污染问题。

新建、改建项目从严控制噪声、振动污染。加强受电弓本体结构优化和导流设计、车体平顺化和轻量化、低动力转向架和气动优化等噪声源控制技术研发力度，优化直立式、半封闭、全封闭等不同类型声屏障结构和功能设计，研发新型隔声窗等噪声防护措施，推广轨道吸声板、阻尼车轮、阻尼钢轨、轨道矮屏障等技术应用。重点加强铁路干线城市区段和特殊敏感区段噪声治理技术和方案的研究。

四、铁路货运污染控制

1. 大气污染控制措施

(1)粉尘控制措施

煤炭运输在铁路货运行业中占比最大，且煤尘环境污染突出。为控制煤尘污染，可采取以下措施。

封闭运输。煤粉运输过程中，产生散落和扬尘的原因主要是颠簸作用和风力作用，且以风力作用为主。采用防尘网、篷布进行覆盖或采用封闭车厢运输具有良好的防尘效果，该方法的优点是简单可靠。但是，煤炭运输在车辆加盖或拉篷布的过程中，需要依靠众多工人完成，不仅增加了人工数量和装车费用，还降低了铁路的装车速度。使用后的篷布需要定期更换和清洗，增加了维护工作量。加之，使用封闭式车运输很难和现有的机械化装煤、卸煤系统完美匹配，操作不便。因此，车辆加盖或篷布遮盖防尘法的人工安全、工资成本、装车时间等都成为抑制铁路绿色运输发展的重要因素。

洒水降尘法。洒水降尘法是较为传统的除尘方式，也是目前铁路货运行业中采取的最主要的除尘措施。洒水降尘法普适性较强，几乎可用于铁路货运的各个起尘点，如货场场地、粉末状货堆、货物的装车和卸车过程等。但洒水降尘法会消耗大量的水资源和人力、电力资源，尤其是在气候干燥，水利资源紧张的地区，洒水降尘会带来较大的负担，且在列车运输的过程中，由于风力较大，加快了水的蒸发速度，需要频繁洒水保持湿润状态才能达到满意的抑尘效果。使用过程中还要把握温度、水量、喷洒位置等因素，过多喷洒还有可能产生污水漫流的现象。

采用抑尘剂。抑尘剂可以很好地抑制粉尘物料起尘，抑尘原理主要有以下几种方式：抑尘剂具有一定的吸湿能力，可以保持粉尘的水分含量在一个较高的水平，湿度大的粉尘产生扬尘的可能性小；抑尘剂具有比较强的黏结性，可以将较细的粉尘颗粒黏结呈较大的颗粒，增加表面粉尘的重量与粒径，使得粉尘更难以飘起，以达到降尘的目的；抑尘剂具有交联性，可在粉状物料表面形成高分子网状结构，对粉尘具有一定的捕集作用，抑制物料起尘。具有以上一种或几种性能的材料均具有一定的抑尘作用，可以开发作为抑尘剂来使用。好的抑尘剂要有稳定性强、适用性广、对保护对象性能影响小、环境污染小、毒性小、刺激性小、腐蚀性低等特点。相比于封闭运输和洒水降尘，抑尘剂可以在不用增加覆盖措施，较少的喷洒次数下达到抑尘效果，是一种高效的抑尘手段。抑尘剂分为固体抑尘剂和液体抑尘剂两种，其中液体抑尘剂多可以直接使用，缺点为体积较大，运输不便，固体抑尘剂一般为粉末状，需要现场配制成溶液后进行喷洒。影响抑尘剂使用效果的因素有喷洒方式、抑尘剂浓度、温度、粉尘材料性质等。

(2)有害气体控制措施

铁路货运过程中的有害气体的排放主要来源于铁路内燃机车、货场叉车和二次运输车辆产生的尾气。主要污染物包括一氧化碳、二氧化碳、二氧化硫、氮氧化物、碳氢化合物等。虽然铁路运输本身具有节能环保的优势，但为顺应新的发展需要，还需进一步加强有害气体控制。有害气体的产生来源于化石燃料的燃烧，可推广使用新能源车辆及机械设备，提高清洁能源的使用率，减少化石燃料的使用比例，可从源头上减少大气污染物的排放。使用柴油机内燃机车时，可采取以下方式提高节能减排效率：采用重载铁路运输技术，再次提高铁路运输集中、大量的运输优势；化石燃料进行净化预处理（如脱硫处理），减少污染物的产生；对内燃机车动力、燃油、气路系统进行改造，如使用废气循环系统、高压共轨燃油系统、燃油掺水喷射系统、高效增加系统等；对排放的尾气进行处理，如采用选择性催化、非催化还原技术和氧化型催化转化器技术等控制尾气中污染物的浓度。我国铁路内燃机车运行过程中的污染物排放限值及检测方法目前尚没有完整的标准和管理体系，节能减排技术也仍需进一步研究。

2. 污水控制措施

铁路货运行业污水主要有维修和洗车过程产生的污水、清洗场地产生的污水、货物洒水降尘产生的污水和工作人员正常生活活动产生的生活污水。水质差别较大，以下分别陈述。

维修和洗车过程产生的污水的处理重点为水中的石油类污染物。石油类可生化性较差，应采用隔油池处理。根据油类的特点，可用重力分离法分离去除密度大于水的重油和悬浮状态的油。经重力分离后悬浮态油浮在水面上，而重油会沉于水底，浮于表面的油可采用集油管吸取，沉于水底的重油用刮板除去，去除构筑物为隔油池。对于重力难以去除的乳化状态油，需进行破乳处理后方能处理，一般采用工艺为破乳—混凝—气浮。

清洗场地产生的污水的特点是砂石、悬浮物的含量较高，其他污染物相对较少，可以采用沉砂池进行处理，需要注意控制水量、水流速度等参数，及时清理池底淤泥，保证沉砂池可以正常工作，防止短流的发生。

工作人员正常生活活动产生的生活污水的特点为生化需氧量

较高，可生化性强，同时可能含有一定量的氮、磷元素，主要以去除有机物为主。可根据需要处理的污水水量、污水浓度和现场条件，选用合适的水处理工艺，如间歇式活性污泥法、膜生物反应器、ANO（需要脱氮处理）、APO（需要脱磷处理）、A2O（同时脱氮除磷）等工艺对污水进行处理。

经处理的污水优先进行污水回用，可接入市政污水管网时，应保证排入市政管道的污水水质可达到入网要求。

3. 固体废物控制措施

固体废物的防治要实行“三化”原则，即减量化、资源化、无害化。减量化是从源头上减少固体废物，不仅仅要求减少危险废物的质量和体积，还要减少固体废物的种类、降低危险废物的有害物质浓度、减轻其危害特性；资源化是指对固体废物要进行综合利用，从固体废物中回收物质、资源和能源，加速物质循环，创造更多的价值；无害化是指已经产生了的固体废物，在不能利用和暂时不能利用的情况下对其进行无害化或降低其危害的措施和手段，以减少固体废物对环境的影响。对于铁路货运行业来说，应减少过度包装，减少材料的使用，以减少固体废物的产生，积极采用可循环复用、再生利用或降解腐化，而且在产品的整个生命周期中对人体及环境不造成公害的材料，包装在满足保护、方便、销售等功能的条件下，应采用用量最少的适度包装。

4. 土壤污染控制

我国是土壤资源较为短缺的国家，土壤的污染会使这种短缺的状况更加严重，因此应注重对土壤资源的保护。铁路货运过程中对土壤的污染主要是由于金属矿石等物料装卸和运输过程中的散落造成的，主要污染类型为重金属污染。因此在装卸、运输的过程中要加强管理，控制物料散落。对于污染严重的土壤，可采用原位土壤淋洗技术、化学修复技术、固化稳定技术等方法对土壤进行处理。但是土壤处理难度大，费用高，在铁路行业中极少应用，因此应极力避免土壤污染。

5. 发展绿色物流

绿色物流是指在物流过程当中，将物流对环境的影响进行抑制，净化物流环境，最大程度上充分利用物流资源，是以经济学一般原理为基础，建立在可持续发展理论、生态经济学理论基础上的物流科学发展观。同时，绿色物流也是一种能抑制物流活动对环境的污染，减少资源消耗，利用先进的物流技术规划和实施运输、仓储、装卸搬运、流通加工、包装、配送等作业流程的物流活动，其内涵包括绿色运输、绿色仓储、绿色包装、绿色生产和逆向物流等部分。

(1)绿色运输

绿色运输是绿色物流体系中的重要组成部分，绿色运输包括绿色干线运输和绿色末端配送两大过程。一方面，铁路货物运输过程需要减少能源消耗，降低环境污染水平，另一方面，需要通过合理配置配送中心、制定配送计划、提高运输效率以降低货损量和提高货运量，如实施共同配送和联合一贯制运输，加强与企业合作的工作效率。开展共同配送是优化配送模式的有效途径之一，即以城市一定区域内的配送需求为对象，由同一行业或同一区域的中小企业协同进行有目的、集约化的配送。统一集货、统一送货可以明显地减少货流，有效地消除交错运输，缓解交通拥挤状况，提高市内货物运输效率，减少空载率，提升配送服务水平，降低企业库存水平，降低物流成本。联合一贯制运输是指以件杂货为对象，以集装化单元装载系统为媒介，通过多种运输工具联运，从供应商到消费者始终保持单元货物状态而进行的系统化运输方式。

(2)绿色仓储

绿色仓储主是指以环境污染更小，货物损失更少，运输成本更低为基本特征的仓储形式。仓储的绿色化设计可以有效保护环境,尽量减少对于环境造成的污染,使生产更安全,使其运作效率得到更显著提升。绿色仓储是绿色物流体系中重要的组成部分,它的发展状况对于绿色物流体系有着至关重要的影响。

绿色仓储要求仓储布局合理,布局过密会增加运输次数,从而增加能源消耗,而布局过于松散,则会降低运输的效率,增加空载率。仓库内部采用智能化设施设备,提高运输作业能力和货物运输的周转率,实现作业效率最优化及仓储面积利用最大化,从而降低仓储成本。

(3)绿色包装

绿色包装的内涵包括包装材料能够循环复用、再生利用或降解腐化,而且在产品的整个生命周期中对人体及环境不造成危害,包装工艺能耗低、污染小,适度包装。

通过多次重复使用,或通过回收废弃物、生产再生制品、焚烧利用热能、堆肥化改善土壤等措施,达到再利用的目的。为了不形成永久的垃圾,不可回收利用的包装废弃物要能分解腐化,进而达到改善土壤的目的。包装制品从原材料采集、材料加工、制造产品、产品使用、废弃物回收再生,直至最终处理的生命全过程均不应对人体及环境造成公害。

(4)绿色生产

绿色生产是指以减支降耗、减污为目标,以管理和技术为手段,实施工业生产全过程污染控制,使污染物的产生量最少化的一种综合措施。绿色生产包括优先选择绿色清洁无公害能源、可再生资源、化石燃料清洁利用,采用技术手段提高能源利用率,开发采用无污染、少污染的新技术、新设备、新工艺,减少生产过程物料的流失,积极利用剩余物料等。

(5)逆向物流

GB/T 18354—2021《物流术语》中规定，逆向物流又称反向物流，是对原材料、零部件、在制品及产成品从供应链下游节点向上游节点反向流动，或按特定的渠道或方式归集到指定地点所进行的物流活动。在企业物流过程中，由于某些物品失去了明显的使用价值或消费者期望产品所具有的基本功能失去了效用或已被淘汰，将作为废弃物抛弃，但在这些物品中还存在可以再利用的潜在使用价值，企业为这部分物品设计一个回收系统，使具有再利用价值的物品回到企业物流活动中来。

逆向物流的存在取代了传统物料的单向运作模式，有利于减少不适当物流所带来的环境污染，减少因焚烧、填埋带来的资源浪费。同时也能降低企业处理废旧物品的成本，改善企业和整个供应链的绩效，产生社会效益和经济效益。绿色逆向物流管理的主要目的是充分节约和利用资源与能源，保护生态环境，提高经济效益，最终实现可持续发展的战略方针。

五、绿色铁路保障措施

1. 争取国家政策支持

从产业技术政策、投资政策、土地资源政策等方面争取国家层面的支持。建议国家交通运输管理部门持续严格车辆总重的认定标准，持续保持对大货运卡车超载超限的监督、检查和处罚力度，促进大宗货运由公路向铁路转移；研究对卡车运输征收碳排放税和重型卡车通行费，专款用于节能环保型运输方式的运输补贴和基础设施建设，充分发挥铁路在中长距离运输的比较优势，将更多的客货运量向铁路转移，进一步释放铁路在低碳减排方面的外部效益，充分发挥铁路在综合交通绿色低碳化发展中的引领作用。

2. 夯实组织管理基础

为加强铁路绿色发展的组织领导，建立完善的绿色环保铁路管理体系，各铁路局集团公司进一步夯实铁路局集团公司-站段-车间的三级管理体系，加强对下属单位的管理和指导，充分发挥各级节能环保主管部门的积极性，形成有利于推进铁路绿色发展的工作格局。强化节能、环保监察，加强环保、水保、能评评审，强化事中事后监管。

3. 强化绿色技术创新

加快节能环保共性技术研发，重点推动节能减排、节支效果显著的技术开发和成果应用，通过实施节能环保技术示范项目、组织现场会等方式进行技术交流，推广示范项目经验，加快推进先进、成熟的新技术、新设备的应用。

4. 开展绿色宣传

充分利用各类媒体，宣传铁路节能环保的发展，讲好中国铁路绿色比较优势和节能环保故事；借助中国铁路平台，将铁路节能环保理念传播给更多旅客，大力倡导旅客绿色出行，树立良好的铁路绿色发展形象。

5. 引入市场化机制

积极引用市场化节能减排机制，积极推进合同能源管理模式，拓宽节能技术改造资金来源渠道；积极参与碳市场，发挥铁路低碳优势，通过市场交易，获得绿色发展所需资金。

6. 强化绿色智力支撑

动员路内外各方面专业技术力量，加强组织遴选，成立绿色环保铁路专家组，充分参与铁路相关标准、制度以及专项规划的编制，节能环保技术研发与应用，协助管理部门进行监督检查等工作，实现对铁路的勘察设计、建设施工、运营管理等全过程的技术指导和咨询。

参考文献

[1] 刘作义,郎茂祥.运输商务[M].2版.北京:中国铁道出版社,2016.

[2] 李树章.铁路货运组织[M].上海:上海交通大学出版社,2017.

[3] 索占鸿,吴育俭.运输包装工程[M].北京:中国铁道出版社,2000.

[4] 郑全成.运输与包装[M].北京:清华大学出版社,北京交通大学出版社,2005.

[5] 林自葵.货物运输与包装[M].北京:机械工业出版社,2015.

[6] 李建国.兰州局集团公司货运市场化经营对策探讨[J].铁道货运,2020,38(9):33-39.

[7] 李建国,向万里,王久梗.基于灰色遗传BP神经网络的铁路货运量预测[J].科技和产业,2022,22(1):119-124.

[8] 赵泽亚,刘珺,李建国,等.铁路煤炭运输抑尘剂性状测试分析及应用建议[J].铁道货运,2022,40(4):23-27.

[9] 刘敏文,范贵根,薛民.危险货物运输包装防护[M].北京:人民交通出版社,2006.

[10] 陈京亮,崔云洪.国际铁路货物联运[M].北京:中国铁道出版社,1998.

[11] 刘寿兰,黄由衡.国际货物运输[M].北京:中国铁道出版社,1998.

[12] 孙林.铁路运输合同[M].北京:中国铁道出版社,2000.

[13] 侯朝峰.铁路货物运输资源整合优化研究[D].长沙:中南大学,2011.

[14] 赵耀.整合枢纽货运资源　发展铁路货运中心[J].物流技术,2008(2):5-7.

[15] 尹启泰.铁路货运组织[M].成都:西南交通大学出版社,1993.

[16] 彭其渊,王慈光.铁路行车组织[M].北京:中国铁道出版社,2007.

[17] 铁道部信息技术中心,中铁信息工程集团.中国铁路TMIS工程[M].北京:中国铁道出版社,2005.

[18] 张广州.创新货运组织方式　构建市场需求与运力资源优化配置平台[J].铁道运输与经济,2009,31(4):13-17.

[19] 张进川.半封闭式重载铁路运输组织关键技术研究[D].北京:北京交通大

学,2008.

[20] 张进川,杨浩,魏玉光.重载铁路卸车端空车回送模型研究[J].交通运输系统工程与信息,2008,8(2):96-102.

[21] 苗蕾,齐向春.国外铁路货物运输发展特点及启示[J].中国铁路,2009(8):73-76.

[22] 钱立新.世界铁路重载运输的最新进展[J].铁道建筑,2007(8):46,82,88.

[23] 武汛.大秦线运输组织系统研究[J].中国铁路,2009(6):11-15.

[24] 朱勇.对铁路行包快运专列发展的思考[J].铁道货运,2008(11):31-34,52.

[25] 安路生.中国铁路运输新实践[M].北京:中国铁道出版社,2009.

[26] 罗国雄.铁路货场管理[M].北京:中国铁道出版社,2000.

[27] 王慈光.运输统计基础[M].成都:西南交通大学出版社,2004.

[28] 郎国平.铁路货运人员安全读本[M].北京:中国铁道出版社,2004.

[29] 黄川源,康文超.铁路货运过程的质量管理与控制[M].北京:中国铁道出版社,1997.

[30] 牛琳璇,韩梅,王艳玲.加强铁路货运安全的研究[J].铁道货运,2007(10):10-12,5.

[31] 曾雨林.关于提高铁路货运服务质量之浅见[J].铁道货运,1997(5):7-9.

[32] 严纪军.根据运输服务质量特性和质量目标推行 ISO 9000 标准认证[J].铁道技术监督,2004(4):20-21.

[33] 韦福祥.服务质量评价与管理[M].北京:人民邮电出版社,2005.

[34] 赵吉壮,余伟萍,王成杰.服务质量研究综述[J].技术与市场,2008(1):82-84.

[35] 程颉.铁路货运服务质量评价探讨[J].铁道货运,2008(11):15-18,51.

[36] 周新军.铁路货运服务质量评价研究述评[J].铁道货运,2008(9):19-22.

[37] 索占鸿.集装运输[M].北京:中国铁道出版社,2005.

[38] 吴永富.国际集装箱运输与多式联运[M].北京:人民交通出版社,1998.

[39] 铁道部信息技术中心.铁路集装箱管理信息系统[M].北京:中国铁道出版社,2004.

[40] 吴育俭,郭维鸿,刘东岭.铁路货运技术[M].北京:中国铁道出版社,2000.

[41] 卢丽勋,杨万枫.冷藏运输制冷技术与设备[M].北京:机械工业出版社,2006.

[42] 王世良.机械制冷冷藏集装箱与运输[M].北京:人民交通出版社,2005.

[43] 戴实.铁路货运组织[M].北京:中国铁道出版社,2008.

[44] 卢士勋.我国冷藏集装箱技术发展和应用概况[J].制冷技术,2004(3):6-7.

[45] 郭萍,纪嘉伦,张岚,等.我国铁路冷藏运输的现状及发展对策分析[J].铁道货运,2004(3):36-38.

[46] 王世良.冷藏集装箱的应用[J].集装箱化,2005(2):36-38.

[47] 吴蒙,程希,罗志勇,等.铁路货物运输市场运输结构调整成效及对策研究[J].现代商贸工业,2021,42(22):27-28.

[48] 王宇博.关于绿色物流发展铁路运输的探讨[J].商品与质量,2016(30):76-77.

[49] 李龙江,张俊勇."公转铁"背景下我国铁路货运增量的分析研究[J].铁路采购与物流,2020,15(5):58-61.

[50] 王铁力.煤炭铁路运输过程中的环境污染及防治[J].洁净煤技术,2014,20(3):112-114.

[51] 谷朝君,姜海波,宋珺,等.铁路货场土壤重金属污染研究[J].铁道劳动安全卫生与环保,2010,37(1):29-31.

[52] 何盛明.财经大辞典[M].北京:中国财政经济出版社,1990.

[53] 贺竹磬,孙林岩.联合运输研究综述[J].长安大学学报(社会科学版),2006(4):32-36,41.

[54] 朱仕兄.物流运输管理实务[M].北京:北京交通大学出版社,2009.

[55] 陆浩,李干杰.中国环境保护形势与对策[M].北京:中国环境出版集团,2018.

[56] 张坤民.中国环境保护事业 60 年[J].中国人口·资源与环境,2010,20 (6):1-5.

[57] 曲格平.中国环境保护事业发展历程提要[J].环境保护,1988(3): 2-5,28.

[58] 张连辉,赵凌云.1953—2003 年间中国环境保护政策的历史演变[J].中国经济史研究,2007(4):63-72.

[59] 曲格平.中国环保事业的回顾与展望[J],中国环境管理干部学院学报,1999,9(3):1-6.

[60] 王玉庆.中国环境保护政策的历史变迁:4 月 27 日在生态环境部环境与经济研究中心第五期"中国环境战略与政策大讲堂"上的演讲[J].环境与可持续发展,2018,43(4):5-9.

[61] 曲格平.中国环境保护四十年回顾及思考(回顾篇)[J].环境保护,2013,41(10):10-17.

[62] 中国工程院环境保护部.中国环境宏观战略研究[M].北京:中国环境科学出版

社,2011.

[63] 王灿发.从淮河治污看我国跨行政区水污染防治的经验和教训[J].环境保护,2007(7):30-35.

[64] 解振华.我国的环境问题及保护措施[J].中国环境管理干部学院学报,1999(1):1-5.

[65] 王金南,蒋春来,张文静.关于"十三五"污染物排放总量控制制度改革的思考[J].环境保护,2015,43(21):21-24.

[66] 王金南,万军,王倩,等.改革开放40年与中国生态环境规划发展[J].中国环境管理,2018,10(6):5-18.

[67] 周生贤.加快推进历史性转变　努力开创环境保护工作新局面:在2006年全国环保厅局长会议上的讲话[J].环境保护,2006(9):4-15.

[68] 陈吉宁.以改善环境质量为核心　全力打好补齐环保短板攻坚战[J].环境保护,2016,44(2):10-24.

[69] 李干杰.以习近平新时代中国特色社会主义思想为指导　奋力开创新时代生态环境保护新局面[J].环境保护,2018,46(5):7-19.

[70] 王金南,秦昌波,雷宇,等.构建国家环境质量管理体系的战略思考[J].环境保护,2016,44(11):14-18.

[71] 董战峰,郝春旭,葛察忠,等.环境经济政策年度报告2018[J].环境经济,2019(7):12-39.

[72] 李干杰.深入贯彻落实习近平生态文明思想　奋力谱写美丽中国建设新篇章[J].中国生态文明,2018(6):11-15.

[73] 解振华.中国改革开放40年生态环境保护的历史变革:从"三废"治理走向生态文明建设[J].中国环境管理,2019,11(4):5-10,16.